僕の仕事は、世界を平和にすること。

川崎 哲

旬報社

はじめに ――世界を平和にする仕事

僕の仕事は、世界を平和にすることです。世界から戦争や兵器をなくすために、毎日活動しています。そして、それが職業です。

平和のための仕事といっても、自衛官《じえいかん》でもなければ、外交官でも、国連職員でもありません。僕は活動家です。市民活動家、社会活動家、平和活動家など、いろいろないい方がありますが、非政府の、つまり自主的な活動を、仕事にしています。

市民の自主的な活動で、世界の平和にほんとうに役に立つことなんてできるのですかと、疑問に思う人も多いでしょう。それが、けっこう、できるんです。僕がやってきたことのなかで一番の成果といえば、核兵器禁止条約をつくったことです。

原爆《げんばく》や水爆《すいばく》などの核兵器は、いま世界に一万二〇〇〇発以上あります。もっているのは九カ国です。こうした核兵器をなくそうということを、人びとは長いあいだ訴えてきました。もちろん、核兵器をほんとうになくすためには、いま核兵器をもっている国の政府がなくすと決めて、それを行動に移してもらわなければなりません。

しかしその前に、核兵器は悪いものであり、許されないものであって、なくさなければならないというルールを決めることが必要です。そのルールがあることで、核兵器をもつ国の政府も動き始めるのです。そのルールが、核兵器禁止条約です。

僕がかかわってきた「核兵器廃絶《はいぜつ》国際キャンペーン」（ICAN《アイキャン》）という国際的なNGO《エヌジーオー》（非政府組織）は、その条約をつくり出すことに貢献《こうけん》しました。実際に条約を結ぶのは、国の政府です。僕たちは市民の立場から、多くの政府に対してそのような条約を結びましょうと呼びかけて、政府と協力して、それを実現しました。つまり、核兵器をなくす一歩手前のルールづくりを後押ししたのです。これは、世界を平和にするための大きな一歩でした。

二〇一七年七月に核兵器禁止条約が国連で採択《さいたく》されたときに、その会議場にいた僕たちは飛び上がって叫び、抱きあって喜びあいました。そして一〇月にはＩＣＡＮがその年のノーベル平和賞を受賞することが発表されました。一二月にノルウェーのオスロで開かれたノーベル平和賞の授賞式に僕も参列しました。そのときの感動は忘れられません。

いま僕の息子は大学生ですが、小学生のときに学校で「お父さんは何の仕事をしていますか。何のためにいまの仕事をしているのかを聞いてきなさい」という宿題が出ました。それで息子に「何のためにいまの仕事をしているのか」と聞かれたので、「平和のためだ」と答えたところ、それを聞いていた僕の妻が「お金のためじゃないの？」といいました。

たしかに、家族と一緒に生活をしていくためにはお金が必要です。仕事をして収入をえることは、そのためにとても大切なことです。その意味では、お金のためじゃないとはいえません。それで息子には「平和のためと、お金のため」と書いて提出するようにいいました。

でも、平和のための活動で、どうやってお金がもらえるのか疑問に思う人もいるでしょう。それについては、僕自身の経験をもとに、この本のなかで少し事例を紹介していきたいと思います。

いまの日本で、市民による平和活動を仕事にしている人はとても少ないと思います。もっと多くの人にこの仕事をしてもらいたいと僕は思っています。そのためのチャンスはいま広がっていると思いますし、その必要性も高まっています。この本のなかで、平和活動がどういうものなのか、少しでも知って、関心をもってもらえればうれしいです。

人の病気を治すお医者さんは、世の中から尊敬され、高い報酬《ほうしゅう》をもらっています。戦争というのは、世界の病気であるともいえます。ならば戦争をなくすための平和活動家も、世の中から尊敬され、高い報酬《ほうしゅう》をもらっていいはずです。ただ、その報酬《ほうしゅう》はお金とは限りません。

世界を平和にする仕事をしていますなんていうと、とてもすごい人だと勘《かん》ちがいされたり、あるいは、何だかえらい人ぶっていると嫌われたりしてしまいそうです。マハトマ・ガンジーやマザー・テレサのような歴史上の偉人《いじん》たちは、平和のために活動しながら、その生き方や人格そのものが平和的だったといわれています。まさに

平和のための精神的指導者というべき人びとです。

僕の場合は、全然そのような者ではありません。いろいろと失敗したり、つまらないことで腹を立てたり、誘惑をされたり、まわりに迷惑をかけたりする、ごくふつうの人間です。そんな僕でも、試《し》行錯誤《こうさくご》のなかで、世界を平和にするためにある程度の成果を出せてきたと思います。また、そのような仕事を続けていくための心得も、それなりに身につけることができてきたと思います。この本では、それらの一端《いったん》を示して、みなさん一人ひとりにも平和のためにできることがあるということに気がついてほしいと願っています。

二〇二三年　四月

川崎　哲

目次

第2章 僕が「平和」について考えるようになったわけ

No War!

第1章

いま僕がやっていること――ピースボートとICAN《アイキャン》

D ピースボート

僕の活動の中心は、ピースボートです。ピースボートは一九八三年に誕生したＮＧＯ（非政府組織）で、二〇二三年に四〇周年を迎えました。僕は二〇〇三年にピースボートに加わり、これまで二〇年間、活動を続けています。

ピースボートは、その名のとおり、平和の船です。大きな客船で世界を回り、行く先々で、平和について学んでいきます。誰でも乗ることができ、いまでは一回の船旅に一〇〇〇人以上の人たちが乗っています。僕の仕事は、その船上や訪れる国々でおこなうプログラムを考え、企画して、準備することです。ピースボートには一〇〇人くらいのスタッフが働いていて、いろいろな仕事を分担しています。

世界のあらゆる地域や国々に、戦争、貧困、環境、人権にかかわる問題があります。これらのことに現地で直接触れようというのが、ピースボートのやり方です。現地の人たちと出会って、直接話すことで、学んでいきます。

たとえば、ベトナムでは、一九六〇年代にベトナム戦争でアメリカ軍が「枯《か》れ葉剤《はざい》」と呼ばれる化学物質をまいたことで、ひどい環境汚染とたいへんな健康被害がもたらされました。ピースボートは、ベトナムに寄港するたびに、枯《か》れ葉剤《はざい》被害者の人たちの施設を訪ねて、交流しています。そして、ベトナムに着く前後の洋上では、現地の専門家やジャーナリストに乗船してもらって、ベトナム戦争とはなんだったのか、なぜこのような枯《か》れ葉《は》剤《ざい》が使われたのかといったことについてお話を聞き、学びます。

学校の教科書や参考書で、枯《か》れ葉剤《はざい》の影響で下半身がつながって生まれた「ベトちゃんドクちゃん」の写真をみたことがある人はいると思います。それでも、それはどこか遠くの国の、昔の話で、なかなか実感がもてないという人が多いのではないでしょうか。ところが実際にベトナムに行って、枯《か》れ葉剤《はざい》被害者の方と直接会って、一緒にご飯を食べたり、ゲームをやったりして交流すると、見方ががらりと変わります。これまで抽象的《ちゅうしょうてき》だったものが、一気に現実の「自分ごと」になるのです。

ピースボートを一九八〇年代に始めたのは、大学生たちでした。当時、日本の「教科書問題」が深刻な国際問題になっていました。かつて日本は、アジア太平洋の近隣諸国を侵《しん》略《りゃく》して支配し、ほんとうに多くの人たちを傷つけ、命を奪いました。ところが、そのような日本による加害の歴史は日本の歴史教科書にきちんと記されず、政府はむしろそうした記述を教科書から削ろう、あるいは薄めようとしていたのです。このことで、日本は近隣諸国からきびしく批判《ひはん》されました。

このとき日本の大学生たちが、自分たちが過去の戦争についてきちんと教えられていないのであれば、直接アジア太平洋の国々を訪ねて、現地の人たちと会って学ぼうと考えました。当時、飛行機に乗って海外に行くというのは、まだまだ運賃《うんちん》が高くて学生たちには難しいことでした。そこで彼らは、船を借りきってアジア太平洋を回ることを決めました。これがピースボートの始まりです。スローガンはずばり「過去の戦争に学び、未来の平和をつくる」です。

このとき僕は中学生で、まだピースボートとかかわりはありませんでした。大学に入ってからピースボートというものの存在を聞いてちょっと関心をもった記憶があります。それでも、まさかその後自分が深くこの活動にかかわるなどとは思いもしませんでした。

ちなみに、日本の政府が、過去の戦争での日本の加害の事実について隠したり、教科書から削ろうとしたりすることは、当時から今日までずっと続いています。なぜこんなことが続いているのかというと、自国の過ちを認めるのを嫌がる心の狭い政治家たちが、この国で強い影響力をもっているからです。その結果、現在の中学生や高校生のみなさんは、日本の歴史上の過ちについて、学校でほとんど教えられていません。

この本で後に詳しく述べていきますが、自分の国の歴史上の過ちについて知らないまま大人になると、とても困ったことになります。海外の人たちを傷つけるふるまいをしてしまったり、さらには、同じ過ちをくり返してしまったりということになりかねません。自らしっかりと勉強して、また海外にも出て、日本の歴史の良いことだけではなく悪いこともきちんと学ぶようにしてください。もちろん、ピースボートに乗るのも大歓迎です。

地球は丸い

このようにピースボートは、一九八〇年代にアジア太平洋で戦争や平和を考える船として始まったわけですが、当時の世界は「東西冷戦」のさなかでした。世界は、ソビエ

ピースボートの船。船体にSDGsとICANのロゴを掲げ、
1,000人以上の参加者とともに航海する（写真提供：ピースボート）

ト連邦（ソ連）を中心とした社会主義陣営の「東側」と、アメリカを中心とした資本主義陣営の「西側」の二つに分かれて対立していました。しかし一九八〇年代末に冷戦は終わり、一九九〇年代には、一つのグローバルな世界をめざそうという時代になりました。グローバルというのは「丸い地球の」という意味です。

この頃からピースボートは、アジア太平洋の船旅だけではなく「地球一周の船旅」をおこなうようになりました。ありがたいことにピースボートに参加する人たちの数は増えて、借りる船もどんどんと大きいものになってきました。

食事を囲んで交流する日本とベトナムの若者たち（写真提供：梶浦崇志）

世界中の国々を回ることをふつう「世界一周」といいますが、ピースボートでは「地球一周の船旅」といっています。日本の横浜港を出て、西へ西へと進んでいくと、最終的に東から西へと横浜に戻ってくるのですから、地球は丸いんだということを実感します。地球を一周して戻ってきたときの感動は、言葉ではいい表せないほど格別です。一回の地球一周に約一〇〇日つまり三カ月半かかりますので、出航したときと帰ってきたときとでは、季節が大きく変わっています。

地球儀には国境線が描かれていますが、実際にはそんな線は海にも陸にも引かれていません。学校にある世界地図では国と国に異なる色が塗られていることもありますが、現実には、国土に色がついているわけではありません。

船でゆっくりゆっくりと進みながら沿岸をみていくとわかりますが、陸地は、土の色も、山々や森の姿も、建物の様子も、ちょっとずつ、ちょっとずつ変わっていくのです。人びとの顔つきや肌の色も、さらには食事の中身や味付けも、ちょっとずつ変わっていくのであって、国境線をこえてがらりと変わるわけではありません。世界はもともとつながっていて、国境線はあと

から引いたものにすぎないのですから、あたりまえなのですが。

船でゆっくりと進んでいくと、東アジアは、だんだんと南アジアになります。そしてだんだんと中東になり、だんだんとヨーロッパになります。地域の間に明確な境があるわけではないのです。

地球は丸く、世界はとてつもなく大きいということを体感すると、自分はそのなかのちっぽけな存在にすぎないということがよくわかります。人は誰しも、通っている学校や勤めている会社の一員であり、日本に住んでいるなら日本社会の一員でもありますが、同時に、大きな地球の一員です。地球を一周すると、そのことが理屈《りくつ》抜きにわかります。僕たち一人ひとりは、たとえば神奈川県民であったり、日本国民であったりすると同時に「地球市民」でもあるのです。

そして、旅を続ければ続けるほど、世界には自分とはまったくちがう言葉を話し、文化も考え方も価値観も大きく異なる人たちがたくさんいるということを知ることになります。自分の存在や視点が絶対的なものではなくて、かならず反対の立場や異なる見方があるということが理解できます。

平和について学ぶというのは、ある国や地域における戦争や歴史や社会問題について知識をえるということに限りません。自分が、大きな世界のなかの小さな一人であるということを理解することじたいが、平和のための第一歩です。

その一方、地球一周の船旅は、いつも国際情勢に振りまわされます。たとえばアフガニスタンやイラクで戦争がおきたり、中東やアフリカでいわゆる「テロ」事件がおきたりするたびに、船でそれらの国々を訪れたり周辺海域を通過することができなくなります。戦争によって原油の価格が上がれば、船の燃料代が高くなってしまい、ピースボートにはピンチとなります。戦争や政情不安などが広がると、人びとの外国へ旅出とうという気もちじたいが失われていきます。

二〇一九年からの新型コロナウイルスの世界的な大流行は、世界中の人たちの移動や旅行を止めてしまいました。人びとは、自分の国にばかり留《とど》まって海外の人たちと交流をしなくなると、考え方がどんどんと内向きになります。そして、「アメリカ・ファースト」とか「〇〇ファースト」などといって、自国のことばかり考える「自国中心主義」へと傾《かたむ》いていきます。そのような考え方は国と国を競争へとかり立て、資源の奪いあいや、ときには戦争へと向かわせてしまいます。

こうした長い経験のなかから、ピースボートでは、次のような標語を掲げています。

「旅が平和をつくり、平和が旅を可能にする」

ピースボートのしくみ

ピースボートには誰でも乗船できますが、お金を払ってもらわないといけません。料金は一〇〇日間の地球一周で一〇〇万円以上しますので、率直《そっちょく》にいって、高いものです。そう簡単に誰でも乗れるわけではありません。それでも、いわゆる世界の豪華客船に比べると、よほど安い料金設定になっています。ピースボートがそもそも、一人でも多くの人に平和について考える機会を提供するためにやっていることだからです。スタッフの給料も含めて必要な経費を集めなければいけませんから、乗船するみなさんにちゃんとお金は払ってもらいます。でも、お金もうけじたいが目的というわけではないのです。

実際の船の運航や船旅の企画・販売は、ピースボートと連携している旅行会社がやってくれています。ＮＧＯピースボートは、世界のＮＧＯのネットワークを生かして、船内や寄港地でのプログラムのアイデアを出したり中身をつくったりしています。

ピースボートには「ボランティア・スタッフ」という制度があります。ピースボートのためにボランティア活動をすると、その時間や活動量に応じて、船に乗る料金の割引がなされるというしくみです。

街でピースボートの「地球一周の船旅」のポスターをみたことのある人もいるでしょう。これは、こうしたボランティアたちが日々貼ってくれているものです。ピースボートの広報のために、お店の人に許可をもらって、毎日毎日たくさんのポスターを貼ってくれています。

こうしたボランティア活動を重ねていくと船賃《ふなちん》の割引がたまっていきますので、船で地球一周という夢のようなことが、現実に手に届くものになってきます。そのことが大きな動機になって、ピースボートのボランティア活動をしてくれている人たちが、たくさんいます。若い人もたくさんいますし、子育てを終え退職した年輩の人たちも多いです。

ポスター貼りのボランティア活動で料金が割引に（写真提供：ピースボート）

そうしたみなさんは、かならずしも、最初から世界の平和について考えたいと思っているわけではありません。それよりも、とにかく世界旅行をしたい、比較的安く船で回りたいというのが、ピースボートを訪ねてくる主な目的であることが多いです。ピースボートとしてはそれでいいし、むしろ大歓迎なのです。

ピースボートが寄港する各地で、観光や交流のプログラムがおこなわれます。観光プログラムのなかにも、少しずつ、その国の社会問題や平和について考える要素が入っています。参加者が船内や寄港地で何をするかは、まったく自由です。地球一周で二〇カ国以上回りますが、ある国では思いっきり観光で遊んで、べつの国ではしっかりと平和について勉強するというやり方もあります。船内では、ダンスで盛り上がることもできれば、平和や国際問題について真剣に議論することもできます。

D ピースボート地球大学

とくに集中して世界のことを学びたいという人たちのために「ピースボート地球大学」というプログラムがあります。これは、船旅のなかの二週間とか一カ月といった期間集中で、平和、環境、持続可能性など世界がいま抱えている問題についてしっかりと学ぶものです。僕はピースボートに二〇〇三年に加わってからは、長く、このプログラムづくりを担当してきました。

地球大学では、日本の学生だけではなくて、韓国、中国、東南アジア、アメリカ、オーストラリアなど、世界中の学生が一緒に学び、世界の問題について議論しあうプログラムもおこなっています。

これまでにいろいろなプログラムをやりましたが、僕がとくに印象に残っているものの一つは、スリランカの学生と日本の学生の交流プログラムです。

スリランカは多民族国家で、一九八三年から二〇〇九年までの二六年にわたり内戦が続いてきました。国内の異なる民族の人たちどうしが戦いあって、七万人以上が犠牲《ぎせい》になったといわれています。その背景には、かつてのイギリスによる植民地支配の影響や、独立後のスリランカ政府がすべての民族を平等に扱わなかったことなどがありました。

ピースボートでは、スリランカの異なる民族の学生たちに乗船してもらって、相互の対話をしてもらいました。船内は、いわば洋上の合宿所です。民族の異なる彼らは、話す言葉もちがうのですが、共同生活のなかで互いの理解を深めていきました。

そして、日本の学生とスリランカの学生が一緒になって、あるワークショップをしました。それは「内戦が終わったばかりの島国」において「新しい憲法をつくる」というものです。まず、仮想の「島国A」を設定します。それは多民族で、社会の不平等や、国内の資源をめぐる争いのある国という設定です。島国Aは内戦が終わったばかりで、これから

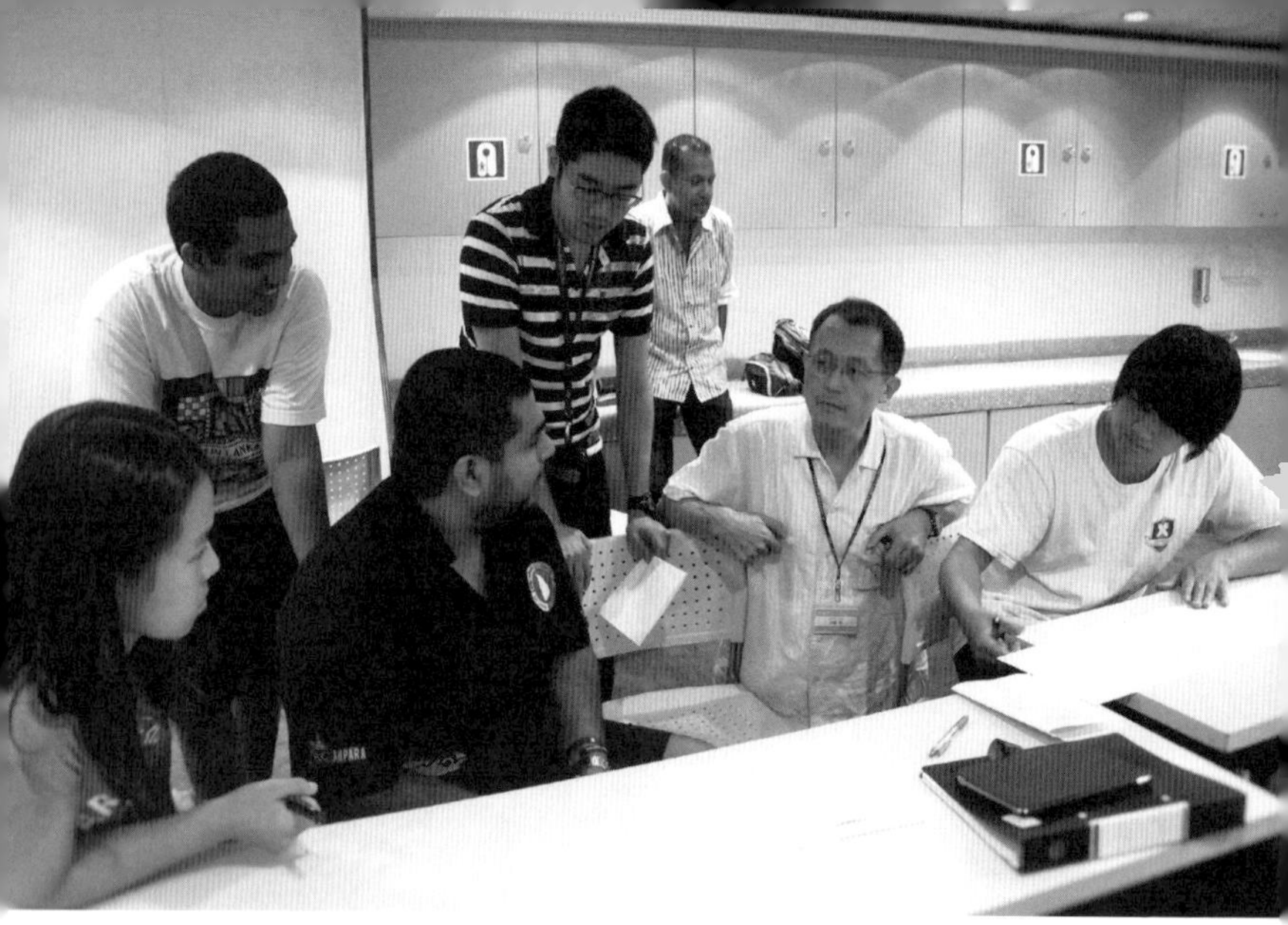

ピースボート地球大学の様子（2014年）。右から２人目が筆者（写真提供：ピースボート）

新しい国家として再出発するところだと仮定して、そのための新しい憲法づくりについて、日本の学生とスリランカの学生が一緒になって話しあっていったのです。

僕には、このときのスリランカの学生たちの熱心さが忘れられません。彼らの一人は「いま、僕たちの国は戦後五年目だから」といいました。それは二〇一四年で、内戦が二〇〇九年に終わったまさに五年後でした。そのとき日本は、第二次世界大戦から、まもなく戦後七〇年を迎えようというときでした。

歴史をさかのぼれば、日本もまさに戦争の廃墟《はいきょ》から復興《ふっこう》し、新しい憲法のもとで新しい国家づくりをしてきたわけです。しかし日本の学生は、なかなか、日本の経験や教訓《きょうくん》をスリランカの学生にうまく伝えられませんでした。ふだん、そんなことを考えたことがないからでしょう。日本にはどんな社会問題があってどんな対立や課題が国内にあるかということについて、すぐに説明できる日本の人は少ないと思います。

それに比べて、スリランカの学生たちは、自分たちの国が抱えている問題についてみなはっきりとした意識をもって話してくれました。そして、将来のビジョンについても熱く語っていました。僕はこのとき、自分たちの国や社会の問題について大きくみることのできる力をもつことが、とても大切なのだと思いました。

世界のことを学ぶステップ

ピースボートでの学び方は、教科書を読んで教室で先生に教えてもらうというふつうの学校や大学とは、だいぶ異なります。訪れる寄港地で生の体験をして、洋上ではとことんディスカッションをするという独特のスタイルです。この活動を長く続けるなかで僕は、世界のいろいろな問題をしっかりと理解していくにはいくつかの共通のステップが必要だということに気がつきました。そしてピースボートの仲間たちと話しあい、たどり着いたのは、次のようなステップです。

第一のステップは、知ることです。それは単に知識として知るだけではなくて、感じることが大事です。戦争や貧困などさまざまな問題で苦しんでいる人に出会ったときに、悲しくなったり、痛みを感じたり、許せないという怒りの感情をもったならば、そうした感情を大事にして、忘れないようにすべきです。

第二は、その問題と自分とのつながりを考えるということです。たとえば、ある国で戦争被害者と出会ったときに、その戦争と日本がどうつながっているのかを調べてみることが大切です。直接的な加害や被害の関係がなくても、歴史的なつながりがある場合もあります。また、石油や鉱物など、日本が頼っているその国の資源をめぐって戦争がおきている場合もあります。

第三に、どうしてそのような問題がおきているのかを理解することです。そのためには、歴史や政治、経済、そして国際関係などの観点が必要です。どんな問題も突然おきるわけ

ではなくて、原因や背景があるわけです。

第四に、そのような問題を解決し、よりよい未来をつくるにはどうすればいいか考え、道筋を描くことです。問題がおきるしくみをしっかりと理解していれば、解決の道筋を描くこともそんなに難しくはないはずです。

第五に、そのような解決にあたるための技術（スキル）を身につけることです。これには、実際にそうした活動にあたっている現地の人たちや、先輩たちの経験談を聞くことが役に立ちます。

ときどき、国際問題に関心のある人のなかで、スキルから先に入ろうとする人がいます。たとえば語学を磨《みが》くとか、人前で上手にスピーチする力をつけるとかですね。こういったことはもちろん大事ではあるのですが、あくまで第五のすなわち最後のステップです。その前に必要なことは、問題を実感し、深く理解して、ビジョンをもつことです。

それから、第一から第五のすべての段階において、みなが自由に話しあえる空間をつくることがとても大事です。船のいいところは、どの国にも属《ぞく》さない大海原をゆっくりと旅するので、みなが対等に、落ち着いた気もちで話し合えることです。他の人と議論することは、自分の考え方を整理することにもなりますし、異なる考え方について学ぶことにもなります。

D 国連への提言活動

ピースボートは、このような船旅を通じた平和教育の活動をしながら、さまざまな世界の問題について国際社会に提言する活動にも力を入れています。

ピースボートは二〇〇二年に、国連の「特別協議資格」をとりました。正確には、経済社会理事会（ECOSOC）という、経済や社会に関するさまざまな問題について協議する国連の組織に、NGOとして正式に登録したということです。この資格をえることによって、国連でおこなわれるさまざまな国際会議に正式に出席して、発言をすることができるようになります。

ピースボートは、一九九二年にはブラジルのリオデジャネイロで開催された地球サミット（国連環境開発会議）に参加し、その後も、平和や環境、持続可能性に関するさまざまな国際会議に参加し、提言をおこなってきました。こうした提言活動のことを「アドボカシー」ともいいます。

そして、そうした活動をしていくNGOなど市民組織やそのネットワークのことを「市民社会」といいます。国々の政府が交渉したり協調したりするのが「国際社会」であるのに対して、NGOや人びとが現場でつながり協力するのが「市民社会」です。市民社会は、政府だけでは解決できない課題にとりくんでいます。

ピースボートが現在とくに力を入れているのは、第一に「持続可能な開発目標（SDGs）」の普及、第二に武力紛争の予防、そして第三に核兵器の廃絶です。

第一のSDGsについては、みなさんも学校で習っていると思いますが、地球環境を大切にして、貧困や格差のない社会を将来に残していこう国連の目標です。ピースボートでは、船体にSDGsの大きなロゴマークをペイントして、世界中に広めています。とくに気候危機への対処、自然エネルギー（再生可能エネルギー）の普及、そして海洋保護に力を入れています。これらに関連する国連会議にピースボートのスタッフが参加し、発言しています。

D 武力紛争の予防

第二の武力紛争の予防というのは、戦争がおきる前に戦争の根っこを断ち切ろうという考え方です。多くの国では、よその国が戦争をしかけてくる可能性があるから、こちらも負けずに戦えるようにしておこうといって、軍備や兵力をもち、日々これを強めています。

近年、とくに二〇二二年にロシアがウクライナに対する侵略《しんりゃく》戦争を始めてからは、日本でも世界でも、軍備や兵力を強めようという議論ばかりが盛んです。
これは、いわば戦争への「対処」であり、その準備ですね。これに対して「予防」とは、戦争に至るような争いごとをそもそもおこさないようにする、あるいは争いごとがあってもそれが広がらないようにするための活動です。
戦争に対処するのは主に軍隊ですが、戦争を予防する主役は一般の人びとです。一般の人びとが平和への意識をもち、国境をこえてつながって、争いを防ぎ、ひどいことになる前に解決ができれば、そもそも戦争はおきません。それは、国と国の戦争についてもいえますし、国内の戦争（内戦）や、民間武装組織による「テロ」と呼ばれる暴力についてもいえることです。

みなさんは、強大な武器や軍隊をもっている国こそ「強い国」だと思ってきたかもしれません。しかし、一般の人びとが平和への高い意識をもち、戦争や暴力をおこさないための活動を活発におこなっている社会ほど「強い社会」だということができます。

ピースボートは「武力紛争予防のためのグローバル・パートナーシップ」（GPPAC）

という世界的なＮＧＯのネットワークに参加しています。ＧＰＰＡＣの本部はオランダにあります。

ＧＰＰＡＣのなかでピースボートは、とくに、日本周辺の東アジアで戦争をおこさないためのさまざまな提言をおこなっています。東アジアでは、日本、韓国、北朝鮮、中国、台湾、ロシアそしてモンゴルのＮＧＯが定期的に集まって、議論を重ねています。北朝鮮にＮＧＯなんてあるのかと思うかもしれません。北朝鮮の場合、正確にはＮＧＯとはいえませんが、諸外国の民間団体と交流することを専門にした機関があり、その代表者が参加しています。

提言の内容は、たとえば、同じ地域の国々が協力して、共に軍事費を減らす、あるいは軍備を小さくするとか、お互いに軍事演習をしないと約束するといったことです。国と国のあいだで領土の争いのある場合、その地域ではお互いに軍事活動をしないように取り決めることもできます。

これらのことについて、各国のＮＧＯのあいだで意見がかならずしも一致するわけではありません。それでも、対話を重ねることに意味があります。対立する国と国のあいだで一般の人びとが交流し、お互いの理解を深め、信頼を育てることが、紛争予防のために大切です。

ピースボートが船旅を通じてやってきたのは、人びとが世界中に友達をつくり、お互いに理解を深め、信頼を築くことです。人は、相手の国に友達がたくさんいれば、その国と戦争をしようなどとは考えなくなります。しかし相手の国のことをまったく知らず、顔の見える知りあいが一人もいなければ、その国のことをまるごと「敵」だと思い込んで「やっつけてしまえ」というふうに考えてしまうかもしれません。

日本国憲法第九条の意味

ピースボートは世界各地の港に入りますが、ときに、大きな軍艦《ぐんかん》が近くに泊まっていることがあります。軍艦《ぐんかん》というのは武装した船であり、武器をもった兵士たちが乗っています。これに対してピースボートは、もちろん武器なんてもっているわけはなく、一般の人たちが丸腰《まるごし》で、人びととの交流をしに来ているのです。

外国から武器をもっている人がやって来たら、当然、人びとは身構えます。こわいと思うからです。自分たちも武器をもとうとするかもしれません。ピースボートが四〇年ものあいだ国際交流を続け、世界中に仲間たちをつくってこられたのは、武器なんかもたない、一般の市民の活動だからです。

日本国憲法は、平和主義の憲法だといわれています。それは、かつて日本が戦争をおこしてしまったことを反省し、第九条で、戦争を放棄《ほうき》し軍隊をもたないと定めているからです。ところが、その日本には自衛隊《じえいたい》があって、それが事実上の軍隊であるという批判があります。また、自衛隊《じえいたい》は、自衛《じえい》のためといいながら実際には戦争の準備をしているという側面もあり、憲法との矛盾《むじゅん》が長いあいだ議論されてきました。憲法の定めと現実がかなり異なっているので、憲法を変えてしまうべきだという意見もあります。

この問題について、みなさんには真剣に考えてもらいたいと思います。ピースボートの活動を長くしてきた僕からいえることは、武力は武力しか生まないし、武力で平和はつくれないということです。国境をこえた人びとの信頼関係は、武器をもたない人と人との交流や対話のなかから生まれるのです。ピースボートの活動は憲法九条の実践そのものです。

日本国憲法

第九条

日本国民は、正義と秩序《ちつじょ》を基調《きちょう》とする国際平和を誠実に希求《ききゅう》し、国権の発動たる戦争と、武力による威嚇《いかく》又は武力の行使は、国際紛争を解決する手段としては、永久にこれを放棄《ほうき》する。

② 前項の目的を達するため、陸海空軍その他の戦力は、これを保持しない。国の交戦権は、これを認めない。

国連は「紛争の平和的解決」を大原則に掲げています。国と国の争いごとは、外交や調停など、軍事力によらない方法で解決するのが基本だということです。かつての第一次および第二次世界大戦の反省のうえにたって、国連憲章《こくれんけんしょう》はそのように定めたのです。

世界の戦争を予防するために活動しているＧＰＰＡＣは、この国連の原則を重視しています。そして、ＧＰＰＡＣは、二〇〇五年に国連に出した提言書のなかで、日本の憲法九条はアジアで戦争を予防するための「土台」としての役割を果たしてきたと評価しました。

この提言書をつくる国際会議に、僕は参加していました。僕が日本の憲法九条について話題にすると、アジアの多くの人たちは日本の憲法についてよく知っていて、九条はほんとうに世界の平和に役立つ大切な定めだと口々にいってくれました。

このことがきっかけとなって、二〇〇八年に「９条世界会議」という大規模な国際会議を千葉の幕張メッセを中心に開催しました。四〇カ国以上

から三万人の人たちが集まり「武力によらずに平和をつくる」ということをテーマに、熱く議論しました。
　僕はその国際会議の事務局長をつとめましたので、準備や運営はとてつもなくたいへんでした。それでも、アジア、アメリカ、ヨーロッパ、アフリカなど各地からほんとうに多くの人たちが集まってくれたことは、とてもうれしかったです。そして、世界各地でさまざまな戦争や暴力に苦しめられてきた人たちや、戦後の和平にとりくんだりしてきた人たちが、日本の平和憲法について高く評価していたことは忘れられません。

2008年に千葉・幕張で開催された「9条世界会議」。左端が筆者（写真提供：ピースボート）

広島・長崎の被爆者と共に

ピースボートが力を入れている第三の提言の分野は、核兵器の廃絶《はいぜつ》です。ピースボートは、二〇〇七年に発足した「核兵器廃絶《はいぜつ》国際キャンペーン」（ICAN《アイキャン》）に二〇一〇年に正式に参加し、核兵器のない世界を実現するために、日々活動しています。現在の僕の活動は、このICANに関係することがかなりの部分を占めています。

ピースボートがICANに加わるようになった背景には、さまざまことがありました。もともとピースボートは、僕が入るよりもずっと前から、広島や長崎で原爆《げんばく》の被害を受けた被爆者《ひばくしゃ》の方々との交流がありました。一九九八年にインドとパキスタンが核実験をおこなったときに、船でインドを訪れて原爆写真展をおこないました。

世界を回ると、日本は「ヒロシマ・ナガサキの国」というイメージをもたれていることに気づきます。僕自身はピースボートのスタッフになってしばらくした頃、中東のヨルダンにあるパレスチナ人の難民キャンプにホームステイしたさいに、パレスチナ難民のおじいさんから「ヒロシマについて聞かせてくれ」といわれ、びっくりしました。

ここでは中東パレスチナ紛争について詳しく説明する余裕がないので、みなさんには自分で調べてもらいたいと思います。非常に簡単にいうと、イスラエル国が、もともとパレスチナ人たちが住んでいた土地を支配していき、その結果、多くのパレスチナ人が難民となって逃れ、厳しい生活を強いられているという問題です。イスラエルと周辺国の間で、戦争や暴力がくり返されてきました。イスラエルは、政治的にも軍事的にもアメリカの支援を受けています。

おそらく僕に「ヒロシマのこと」を聞いてきた難民のおじいさんは、アメリカに痛めつけられたという意味で、自分たちパレスチナ難民とヒロシマに共通するものがあると思っていたのだと思います。

東京生まれで東京育ちの僕は、「ヒロシマのことを」といわれても、何をどう話していいのかわからず、とまどってしまいました。でも、パレスチナのおじいさんにしてみれば、僕が広島出身であろうが東京出身であろうが関係ないですよね。世界史に残る原爆《げんばく》被害を受けた日本の人なんだから、そのことについて話せるでしょう、だから話してくださいというふことだったのだと思います。

そんなこともあり、二〇〇八年、ピースボートが二五周年を迎えるにあたって何か特別なことをしたいねとみなで話しあっていたときに「そうだ、被爆者《ひばくしゃ》の人たちに世界を回ってもらおう」というアイデアが出てきました。やはり、日本を拠点にして世界の平和を訴える団体としては、広島・長崎のメッセージを発信していくことが大切な使命なのではないかと、みなで考えたわけです。

こうして始まったのが「ヒバクシャ地球一周　証言の航海」（通称：おりづるプロジェクト）です。二〇〇八年の第一回プロジェクトでは、計一〇三人の広島・長崎の被爆者《ひばくしゃ》の人たちに乗船してもらって、文字通り地球一周、各地で原爆《げんばく》の証言会をおこないました。

訪ねる各国の港では、ピースボートが来ることじたいはすでに珍しいことではありませんでした。ところが、原爆《げんばく》の被爆者《ひばくしゃ》が船に乗っているとなると、各地での反応がいつもとまったくちがうのです。テレビカメラが岸壁《がんぺき》で待ちかまえていたり、被爆者《ひばくしゃ》の人たちが記

2015年、「ヒバクシャ地球一周 証言の航海」横浜港で（写真提供：ピースボート）

者会見でもみくちゃにされたり、たいへんな騒《さわ》ぎでした。

ピースボートがこのプロジェクトを始めるずっと前から、被爆者《ひばくしゃ》団体の代表者が国連の会議でスピーチするなど、原爆《げんばく》被害について世界に訴える活動は長くおこなわれていました。それでも、ピースボートの被爆者《ひばくしゃ》の人たちが各地で大歓迎され質問攻めにあったのは、広島・長崎の人たちの生の声を一度も聞いたことがないという人が世界の大半だったことを表しています。そしてその状態は、それから一五年が経ついまでも変わっていないと思います。

このとき以来、ピースボートは「おりづるプロジェクト」を毎年継続し、これまでに約一八〇人の被爆者《ひばくしゃ》の人たちが参加しています。新型コロナウイルスによって船が出せなかった数年間は、かわりにオンライン証言会を世界各地とつないでおこないました。

二〇〇八年に出航した第一回「おりづるプロジェクト」は、オーストラリアのシドニー港も訪問しました。このときにシドニーで受け入れをしてくれたのが、ＩＣＡＮのメンバーたちでした。ＩＣＡＮは、もともとオーストラリアの医学者らが中心となって始まった運動です。その中心メンバーたちが、ピースボートでの被爆者《ひばくしゃ》の訪問を受け入れてくれたのです。

D ICANと核兵器禁止条約

このときのＩＣＡＮの代表者は、メルボルン大学で公衆衛生《こうしゅうえいせい》を教えていたティルマン・ラフさんです。実はこの頃、オーストラリアと日本の政府が「核不拡散・核軍縮に関する国際委員会」という専門家委員会を立ち上げており、ティルマンさんと僕は、それぞれオーストラリア政府と日本政府から「NGOアドバイザー」というかたちでその委員会にかかわるよう招かれていました。そのことで彼と僕は知りあい、いろいろな意見交換を重ねました。

ほぼ同じタイミングでピースボートが被爆者《ひばくしゃ》を乗せてシドニーに寄港したことから、ICANとピースボートの関係はぐっと深まりました。そして二〇一〇年に、ティルマンさんからの誘いで、ピースボートはICANに正式に加わるようになり、僕はICANの副代表の一人となりました。以来僕は、ICANでさまざまな役職をつとめてきましたが、現在は国際運営委員の一人で、会長を兼任しています。

ICANは、一つの団体であるというよりも、多くの団体の連合体です。年々大きくなり、いまでは一一〇カ国から六五〇団体が参加しています（二〇二三年四月現在）。

それまでも、核兵器をなくそうという運動団体は世界にたくさんありました。そのなかでICANの特徴は、核兵器を禁止し廃絶《はいぜつ》する国際条約をつくるという一点に絞って、そのための集中的なキャンペーンをおこなってきたことです。

キャンペーンのキーワードは「核兵器の非人道性」です。核兵器が使われた場合に、どんなに非人道的で取り返しのつかない被害がもたらされるのかということを中心に、世界にメッセージを発信していきました。それまで核兵器の話といえば、ロシアとアメリカが何千発ずつもっているとか、中国が核兵器の数を増やしているからこちらも対抗しなければならないとか、いわゆる軍事力のバランスの話が主流でした。

しかしICANは、赤十字や世界の医師たちと連携して、核兵器がひとたび使われたらどうなるかということに焦点を当てたのです。それは、大きな発想の転換でした。どの国がもっているものであれ、どこで使われるのであれ、ひとたび使われたらたいへんなことになるということを論じたのです。

核兵器をもつ側や使う側に立つのではなくて、被害を受ける側に立って議論する。そしてそれを、なるべくわかりやすい言葉を使って、ユーチューブのビデオやさまざまなSNSで発信する。これが、ICANのスタイルです。

「非人道性」に焦点を当てるこの運動は、大きな注目を集め、広がっていきました。

二〇一〇年に赤十字国際委員会が核兵器の非人道性に関する声明を発表すると、二〇一二年にはスイスやオーストリアなど一六カ国がそれに続く共同声明を出しました。二〇一三年から二〇一四年にかけて、ノルウェー、メキシコ、オーストリアの三カ国で、核兵器の非人道性に関する国際会議が開催され、核兵器はこれまでどんな被害をもたらしてきたか、そして今日使われたらどうなるかということが、多くのNGOや専門家の参加のもとで議論されました。

そして、その結論は明確でした。核兵器のいかなる使用も、壊滅的《かいめつてき》で非人

2017年7月7日、核兵器禁止条約が国連で採択された瞬間（写真提供：ICAN）

道的な結果をもたらすということが、確認されたのです。

これをふまえて、二〇一五年から二〇一六年にかけて、そのような非人道的な兵器である核兵器を禁止するための方法について、国連で議論が重ねられました。そして、二〇一七年三月から七月にかけて、核兵器禁止条約の交渉が国連でおこなわれ、その年の七月七日に、一二二カ国の賛成によって核兵器禁止条約がついに採択《さいたく》されました。

それは、核兵器をつくることも、もつことも、使うことも、それらに協力することも、いかなる場合にも禁止し

核兵器禁止条約が採択され、抱き合って喜ぶ被爆者とICANメンバー（写真提供：ICAN）

て、核兵器廃絶《はいぜつ》への道筋を定めた、歴史上初めての国際条約です。広島・長崎に原爆《げんばく》が投下されて七〇年以上が経って、ようやく核兵器が全面禁止されたのです。

被爆者や市民の役割

核兵器の非人道性が国連の場で議論されているのとまさに平行して、ピースボートは、広島・長崎の被爆者《ひばくしゃ》の人たちと世界中で証言活動を展開しました。「核兵器の非人道性」という言葉の意味を、一人ひとりの生身の体験の証言というかたちで、世界の人びとに語りかけていく活動をおこなったのです。生徒や学生さんたちはもちろん、市長さんや政治家、ときには外交官や大臣にも来てもらって、被爆者《ひばくしゃ》の話を聞いてもらうようにしました。

ＩＣＡＮには、世界中からさまざまな活動家や専門家が参加しています。核物理に詳しい専門家もいれば、条約づくりに詳しい活動家もいました。さまざまな人たちが力を合わせました。

条約というのは国と国の約束事ですから、それを交渉して締結するのは国家です。ＩＣ

ANは国家ではなくNGOですから、条約を直接結ぶことはできません。それでも、国と国の交渉の場に出かけていき、会議を傍聴《ぼうちょう》しながら各国の外交官に働きかけ、直接意見を表明するなどして、条約づくりを後押ししていきました。こうしたとりくみを「市民外交」と呼ぶことができます。

日本のピースボートとしては、広島・長崎の被爆者《ひばくしゃ》の人たちと協力して、核兵器の非人道性への理解を広めていくことに一番の力を注ぎました。ただしそのときに、注意してきたことがあります。それは、日本人だけが核兵器の被害者ではないということです。

広島・長崎では、多くの朝鮮半島出身の人たちや、中国や台湾、東南アジアなど当時日本が支配していた国々から連れてこられていた人たちが、被爆《ひばく》しました。さらにはアメリカをはじめとする連合軍の兵の捕虜《ほりょ》も被爆《ひばく》しました。

それだけではありません。戦争で核兵器が使われたのは歴史上、広島・長崎だけですが、その後世界中で核実験がくり返されました。各国が核兵器を開発するために、核兵器を爆発させて実験してきたのです。その回数は、今日までになんと総計二〇〇〇回をこえます。

太平洋の島々や、アメリカ国内、中央アジア、北極圏、アフリカなどで核実験がおこなわれ、非常に多くの人たちが被爆《ひばく》しました。

つまり、日本は「唯一の被爆国《ひばくこく》」ではありません。日本は唯一の「戦争被爆国《ひばくこく》」でありますが、核兵器の被害者たちは世界中にいます。だからこそ、核兵器の問題は世界全体の問題なのです。世界で核兵器を全面禁止する条約をつくるには、その考え方を広げることがとても大切でした。

ピースボートとしては、アメリカが核実験をした太平洋のマーシャル諸島やフランスが核実験をしたタヒチを船で訪ね、核の被害者どうしの交流をはかってきました。

いま僕たちが一緒に活動している被爆者《ひばくしゃ》の人たちは、とてもご高齢です。被爆者《ひばくしゃ》の平均年齢は八四歳といわれています（二〇二二年現在）。ほとんどのみなさんが、とても小さい子どもだった頃に被爆《ひばく》していますので、記憶《きおく》がほとんどないという人も多いです。

当時を記憶している被爆者《ひばくしゃ》で僕が出会ったほとんどの人は「家族を助けられなかった」とか「助けを求める人を見捨てて、逃げなければいけなかった」といった体験を抱えています。自分が生き延びてしまったということに罪の意識を感じている人も多いです。

だからこそ、こんな苦しみを世界の誰にもくり返させてはいけないといって、みなさん懸命に証言活動をされています。

D ノーベル平和賞授賞式

二〇一七年一二月、ノルウェーのオスロ市庁舎で、ICANへのノーベル平和賞授賞式がおこなわれました。壇上には、ICANのベアトリス・フィン事務局長と、広島の被爆者《ひばくしゃ》でカナダ

2017年12月10日、ノーベル平和賞受賞式でスピーチするサーロー節子さん

在住のサーロー節子《せつこ》さんが立ちました。

僕は、他の国際運営委員とともに、会場の最前列で参列しました。

サーローさんは、スピーチのなかで、原爆《げんばく》で命を落とした人びとのことを思ってほしいといって、こう語りました。

「一人ひとりには名前がありました。一人ひとりが、誰かに愛されていました」

「彼らは燃えて灰と化し、蒸発し、黒焦げの炭となりました。そのなかには、私自身の家族や、三五一人の同級生もいました」


受賞式に参列した筆者（前列左から３人目）

P54-55（写真提供：ICAN）

ICANに贈られた
ノーベル平和賞のメダルと賞状

そして彼女はいいました。

「私たち被爆者《ひばくしゃ》は、七二年にわたり、核兵器の禁止を待ち望んできました。これを、核兵器の終わりの始まりにしようではありませんか」

僕は、目の前でサーローさんが力強く語るのを聴きながら、背中では、ものすごく大きな拍手が何度もわき上がり、会場全体に響くのを感じていました。

まさに被爆者《ひばくしゃ》の訴えが、核兵器禁止条約というかたちに実を結んだのです。

今後、この世の中から被爆者《ひばくしゃ》の方がいなくなってしまっても、核兵器禁止条約はこの世界に残り、世界の国々をしばりつづけます。

国際活動は楽しいけれど、楽ではない

ＩＣＡＮについて、もう少し説明しましょう。世界六五〇の参加団体のうち、一一団体が「国際運営団体」としていわばリーダーの役割をつとめています。日本のピースボート

はその一一団体の一つですが、それ以外の国際運営団体は、ヨーロッパ、南北アメリカ、アフリカ、太平洋などにちらばっています。

その国際運営団体のあいだで、ふだんの会議は、インターネットのテレビ電話を使い世界中をつないでやっています。新型コロナウイルスが流行して以来、オンラインでの会議や授業があたりまえになってきましたが、それよりもずっと前から、ＩＣＡＮのような国際ＮＧＯのあいだでは、インターネット電話で会議をするのがふつうでした。

問題は時差です。ＩＣＡＮの場合、日本の夜九時――それは、アメリカ・ニューヨークの朝七時で、ＩＣＡＮの事務局のあるスイスの午後一時なのですが――に会議をやることが多いです。自宅で夜遅くに僕がパソコンに

向かって大きな声で英語でしゃべっているので、家族はだいぶ迷惑してきたかもしれません。

それでも、会議を重ねることは大切です。国がちがえば、社会の様子や考え方も大きく異なります。「核兵器をなくそう」という同じメッセージだとしても、アメリカ国内で訴えるのと、日本で伝えるのと、アフリカのケニアで広めるのとでは、やり方はまったく変えなければなりません。

ICANの活動では、僕は少なくとも年に数回、多いときには月に一～二回、海外出張をします。行き先として多いのは、まず、国連本部のあるアメリカ・ニューヨークやスイス・ジュネーブです。核兵器禁止条約や核軍縮に関係する会議が開かれますので、そうした会議を傍聴《ぼうちょう》したり、NGOとしての関連イベントを開催したりします。

また、韓国では、アジアの核や平和問題に関係する会議がよく開かれています。ICANが世界中のメンバーを集めて会議を開くときには、ヨーロッパの都市に集まることが多いです。オーストリアのウィーンでは、核問題の国際会議が多く開かれています。

ＩＣＡＮは、支援をしてくれる国々の政府による助成金や、民間の財団や個人からの寄付で支えられています。集まったお金は、スイスの事務局で働くスタッフの給料にあてるのはもちろんのこと、重点を置く国の活動やプロジェクトを決めて分配していきます。

ちなみに僕は、ＩＣＡＮから給料をもらっているわけではありません。ＩＣＡＮの国際運営委員として、お金を集めて、スタッフを雇う側にいます。僕自身は、ピースボートの給料をもらいながら、ＩＣＡＮの活動もしています。

苦労も多いですが、世界中に仲間がいることを日々実感できるのは、すばらしいことです。長く活動している僕だって、成果がそうすぐに出るものではありませんから、自信を失いかけることはあります。そんなときに、たとえばブラジルや、インドや、スウェーデンに、同じような悩みを抱えながらも前向きに活動している仲間がいることを感じることで、救われてきました。世界中の仲間から元気をもらって、楽しく幸せに活動ができていると思います。

日本で生まれ育った僕は、日本のなかでは、よくしゃべる部類の人間だと思います。けれども、世界の標準からみると、シャイでおとなしいほうなのではないかと思います。

国際会議に出ると、とにかく人びとは次々手をあげて発言します。空気なんか読みません。ですから、こっちも負けず手をあげないと、いいたいことを何もいえないまま会議が終わってしまいます。まず手をあげてしまって、何をしゃべるかは指されるまでのあいだに考えるというくらいでないと、そもそも発言できません。

もちろん言葉はたいへんです。僕は海外留学の経験はありませんが、英語は、使っているうちにだんだんとできるようになりました。NGOに限らず外交の世界でもそうですが、国際会議に参加する多くの人にとって、英語は母語ではありません。みんなそれぞれちょっとずつちがった、クセのある英語を話します。

そのような国際的な場で活動をするときに、大事なことが一つあります。みな文化も常識も異なるわけですから「あうんの呼吸」というものがありません。相手がきっとこれをわかってくれるだろうというのは、ほとんど通用しないと思ったほうがいいです。僕自身、当然相手に伝わっているだろうと思っていたことがまったく誤解されていて、痛い目にあったことが何度もあります。だから、一つひとつのことをきちんと言葉に出して確認することが大事なのです。

難しいことを難しそうにいうことよりも、わかりやすい平易《へいい》な言葉でたしかめあって前に進むことが、とくに国際活動では重要です。

原発をどう考えるか

ＩＣＡＮは原子力発電（原発）の問題をどう考えているのですかと、よく聞かれます。ＩＣＡＮは核兵器廃絶《はいぜつ》国際キャンペーンですから、核兵器をなくすという目的で一致して、みなが集まっています。ですので、ＩＣＡＮ全体としては、原発について賛成であるとか反対であるとか、統一の立場はもたないことにしています。一つの大きな目標に向けて、考え方のちがいをのりこえて世界中から力を集めるためにです。

それでも実際には、ＩＣＡＮに参加する多くの団体が、それぞれの団体として、原発に反対する活動もしています。とくに、原発の燃料であるウランやプルトニウムといった物質が核兵器の材料になってしまうという問題には注意を払わなければなりません。

また、二〇一一年には福島の原発事故があり、一九八六年には当時のソ連のチェルノブイリの原発事故がありました。原発事故で放射能が漏《も》れると、環境が汚染され、人びとの健康が危険にさらされ、避難や移住をよぎなくされます。これには、広島・長崎や世界の核実験の被害と重なる問題が多くあります。

とくに福島の原発事故以降、ピースボートは、原発をやめて自然エネルギー（再生可能エネルギー）中心の社会に変えていこうという主張をはっきりと掲げるようにしました。そして二〇一二年には「脱原発世界会議」を横浜、東京、福島で開催しました。

僕は個人的には、母が福島で育ったということもあり、福島の原発事故はとても人ごととは思えませんでした。

ですので、ICANの代表者としては原発に反対とはいいませんが、個人としては原発はやめるべきだと考えていますし、それは可能だと思っています。核兵器について、それが使われた場合の被害者の視点を第一に考えることが大切だと述べましたが、原発についても、事故があった場合に何がおきるのかということから議論を出発させるべきだと思います。それが、広島・長崎そして福島を経験した日本の僕たちの責任だと思います。

NGOとNPO

僕が日々活動しているピースボートとICANは、いずれもNGOです。

NGOのほかに、NPO《エヌピーオー》という言葉もありますね。

NGOは非政府組織（Non-Governmental Organization）、NPOは非営利組織（Non-Profit Organization）のことです。実際のところ、ほとんどのNGOは、営利すなわちお金もうけが目的ではなく活動していますので、NPOだともいえます。また、NPOの多くは、政府から独立して活動しているので、その意味ではNGOということもできます。

ですので、NGOとNPOを明確に線引きをすることは難しいです。ただ、日本では一般的に、国際的な問題にとりくんでいるのがNGOで、国内とくに地域の福祉や教育といった課題にとりくむのがNPOというように、言葉が使い分けられているようです。

また、日本にはNPO法（特定非営利活動促進法）という法律があって、この法が定

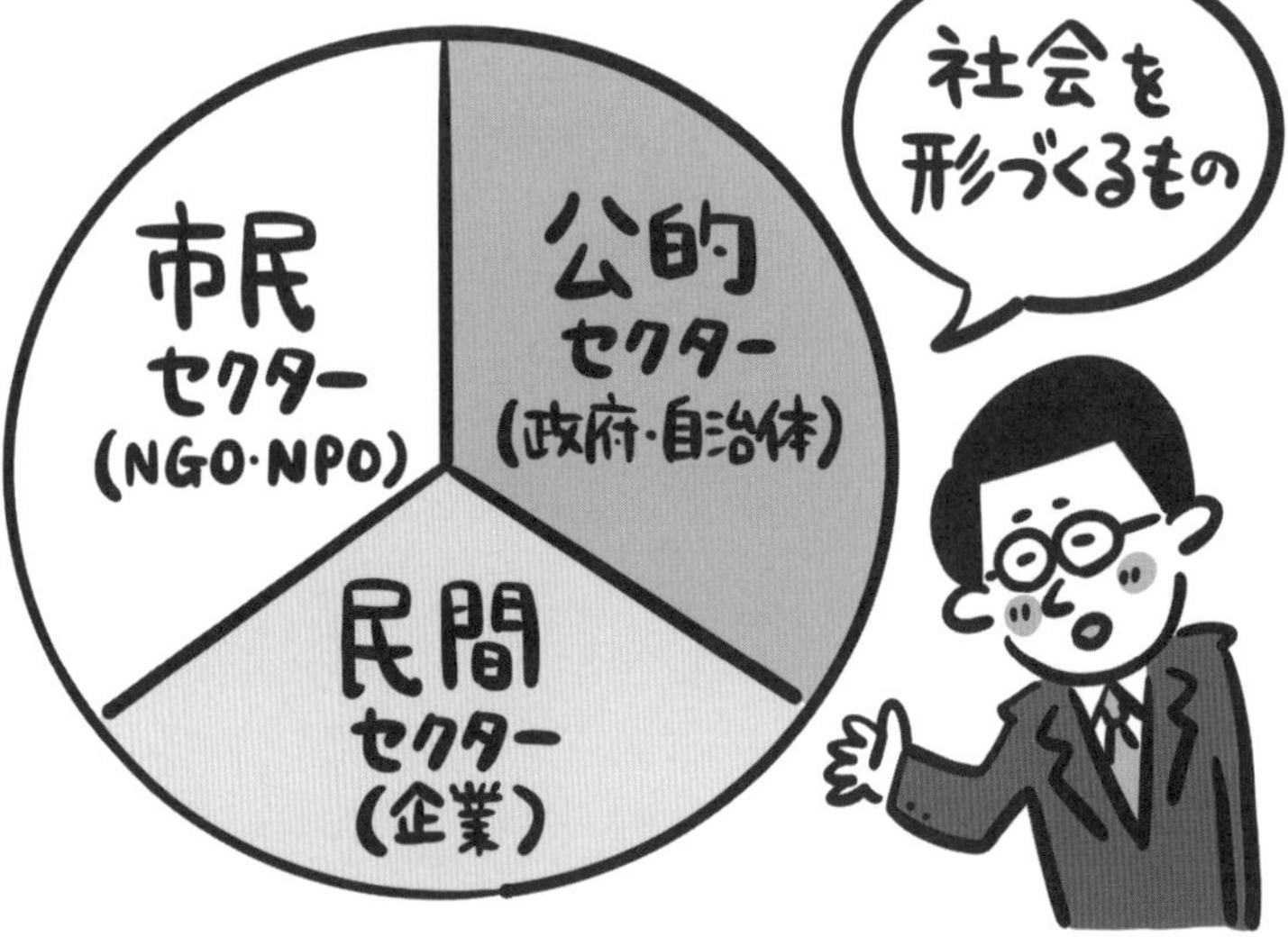

める形式で法人格をもっている団体を「NPO法人」といいます。でも、他の形式の法人もありますし、法人格をもたない任意《にんい》団体も多いので、NGO・NPOの形式はさまざまだといえます。

NGOやNPOはいわば「市民セクター」として、社会のなかで重要な役割を果たしています。しかし、そのことがなかなか日本社会のなかでは認識されていないし、担い手もまだまだ少ないです。

みなさんは、将来の仕事について「公務員か民間か」みたいな二択《にたく》で考えているかもしれません。でも本来は、「公的セクター（政府や自治体）、民間セクター（企業）、市民セクター（NGO・NPO）」の三つがそれぞれ力をもって、支えあって、社会をつくっていくというかたちが理想だと思います。日本の市民セクターは、もっともっと大きくなる必要があります。

この本のなかでは、僕自身の経験に基づいて「NGO」、なかでも主に平和にかかわるNGOについて語っていきます。しかし、その多くは、他分野のNPOそして広く市民セクターに通じるものであると思います。

第２章

僕が「平和」について考えるようになったわけ

父と母のこと

僕は、一九六八年に東京都中野区で生まれました。父は、大学の物理の先生をしていました（二〇二二年に八九歳で亡くなりました）。母は主婦でしたが、僕が小さい頃には仕事をしていました。僕は三人きょうだいの末っ子でした。僕が生まれたのは戦後二三年目で、小さい頃の写真をみると、町にはまだ戦後復興《ふっこう》の雰囲気が残っています。

母のお父さん、つまり僕の母方のおじいさんは、戦時中は軍人でした。海軍の大佐で、航空隊のパイロットをしていました。戦争に行き、病気になって、耳が悪くなりました。航空機に乗って急上昇や急降下をしたことが影響したのかもしれませんが、詳しいことは聞いていません。

僕は子どもの頃は夏になると母に連れられて福島の会津若松市の実家に行っていましたが、おじいさんは耳があまり聞こえないので筆談でやり取りをしていました。

戦争が終わったときに七歳だった母は、体が弱く、戦時中そして戦後に、そうとう苦労したのだと思います。母からは、戦時中のことを描いた本を読み聞かせてもらったり、いろいろな話を聞かされました。たとえば、家で電灯を付けているとなかに人がいることがわかってしまうので、電灯を黒い紙で覆《おお》ったといった話です。また、米が手に入らなかったので「すいとん」という小麦粉をこねた団子を汁に入れて食べたということで、たまにつくってくれました。

母は、僕がお茶碗《ちゃわん》にごはん粒を残しているととても怒りました。お釜《かま》にちょっとでもお米が残っていれば「これだけあれば、まだお茶碗《ちゃわん》一杯分になる！」といわれ、全部きれいに食べないと怒られました。

母は四姉妹の末っ子でしたが、戦争はこりごりだという感覚は、母方の一家に共通していたと思います。僕が子どもの頃、母方の親戚《しんせき》一同で近況を報告しあう親族の「新聞」を出していました。題名は「時々《ときどき》新聞」です。もちろん全部手書きです。いまのようにコンビニでコピーがとれるわけではないので、親戚《しんせき》の誰かが職場で印刷をしてくれていたのだと思います。

その新聞の巻頭には、いつも、おじいさんが兵隊時代の思い出を書いていました。そこに僕は、小学校のプールで二五メートル泳げるようになったとかいう話を書きました。そのほか親戚《しんせき》がそれぞれ近況を書いていました。おじいさんの字は達筆《たっぴつ》すぎて読みづらかったのですが、いつも、戦争はほんとうにたいへんだったし、もうあんなことはしてはならないというメッセージが込められていたと思います。

D 広島に連れて行ってくれた父

僕の父は、大学で物理を教えながら、「第五福竜丸《ふくりゅうまる》」の保存運動にかかわっていました。第五福竜丸とは、一九五四年にアメリカが太平洋でおこなった水爆《すいばく》実験により被爆《ひばく》したマグロ漁船です。「死の灰」と呼ばれる放射性降下物を浴びて、静岡県の焼津《やいづ》港に戻ってきた後に、乗組員が放射能を原因とする病気で亡くなりました。これは、たいへん大きな事件として社会的注目を集めました。

広島と長崎に原爆《げんばく》が落とされてまだ一〇年も経たないときに、核兵器の実験による被爆《ひばく》で日本の船員が命を落としたのです。この事件が、日本で原水爆《げんすいばく》禁止運動すなわち反核運動が始まるきっかけとなりました。

この頃、世界的な反核運動には、物理学者たちが多くかかわっていました。アルベルト・アインシュタインは、自らが研究にかかわる原子力が原爆《げんばく》に使われ、広島や長崎で落とされたことに、大きなショックを受けたといわれています。そして彼は以後、核兵器の廃絶《はいぜつ》や戦争の根絶《こんぜつ》を訴えました。

このように、第二次世界大戦直後の時代には、科学者たちが、戦争への反省から「科学者の社会的責任」として反核や平和を訴えていました。僕の父も、そのような影響を受けて、第五福竜丸の保存や原水爆《げんすいばく》禁止運動にかかわるようになったようです。

このように書くと、みなさんはきっと、僕がそのような父から平和や核廃絶《はいぜつ》のことを教えられて活動を始めるようになったと思うことでしょう。ところが、僕にはそういう記憶がありません。父は、家族に対してはとても無口な人でした。

それでも父は、僕が中学二年生のときに広島に連れて行ってくれました。八月六日の

東京・夢の島に展示されている第五福竜丸（写真提供：第五福竜丸展示館）

平和記念式典に合わせてです。それは一九八二年で、アメリカとソビエト連邦（ソ連）が何万発ずつもの核兵器で脅しあう「冷戦」のさなかでした。国連では軍縮特別総会が開かれ、ニューヨークには核廃絶《はいぜつ》を求める人たちが一〇〇万人以上集まりました。

まさにその年の八月、広島にはものすごい数の人たちが集まっていました。中二の僕にも、とにかく人が多かったこと、そして暑かったことは、強烈な印象として残りました。無口な父は何か詳しい説明をしてくれたわけではありませんでしたが、これはたいへんな問題なのだということは僕も子どもながらに感じました。

父はそもそも、大学の仕事やら活動やらが忙しくて、家に帰ってくるのはいつも僕ら子どもたちが寝たあとでした。学者であることには誇りをもっていたようで、勉強は大事だとはいっていましたが、子どもたちに干渉してくることはありませんでした。山が好きな人で、子どもの頃から山登りやスキーに連れて行ってもらいました。

中学・高校時代

僕が中高生だった一九八〇年代半ば、アメリカとソ連が核戦争を始めるかもしれないという恐怖が世界に広がっていました。米ソ核戦争を描いた『ザ・デイ・アフター』という映画が流行りました。

「冷戦」時代、世界はアメリカ陣営（西側）とソ連陣営（東側）に真っ二つに分かれて、お互いが相手をほんとうに敵だと思っていました。経済や文化的な交流もほとんどありませんでした。ニュースも、映画も、相手側はまるで人間でないといわんばかりの描き方でした。

その頃の日本では、中曽根康弘《なかそねやすひろ》首相のもと、アメリカと一緒になって軍備を拡張するという路線の政治が進められていました。中曽根首相は、日本がかつておこなった戦争を賛《さん》美《び》するかのように靖国《やすくに》神社を参拝し、日本の軍国主義の復活だと国内外から批判されました。

当時の僕は十代半ばでしたが、世界的な核戦争の脅威《きょうい》や、日本がアメリカと一緒に戦争をしてしまうかもしれないという恐れを感じて、日本国憲法九条についての本を読んだりしました。

高校は、都内の、私立武蔵《むさし》高校というところに行きました。水泳が好きだったので、その高校にあった水球部に入りました。水球はきついスポーツでしたが、いろいろと鍛《きた》えられ、いまでは楽しい思い出です。

一九八五年に筑波《つくば》で万博（国際科学技術博覧会、つくば万博）があったので、部活の友達と一緒に行きました。そのときに、各国が出していたパビリオンに並んで「国連」のパビリオンがあったので、僕はそこに入りました。「なんだ、そんな所つまんないよ」といって入らない友達もいましたが、僕はぜひ国連をみてみたいと思っていました。

当時、高校に通うバスのなかで、友達と「将来何になりたいか」という話をしていたときに、「国連の事務総長になりたい」といったことがあります。あまり深く考えずに口走っただけですが。

やはり、世界は平和にならなければいけないと、十代ながらに感じていたと思います。

二次方程式の解の公式

その高校はいわゆる進学校で、自由な校風でした。みな、誰かにいわれて勉強するというよりも、自ら進んで勉強して、自分が面白いと思うものをみつけてみなで話しあうというような雰囲気でした。そこは中高一貫校だったのですが、僕は、中学校は地元の公立中学に通い、高校から入りました。

いまでもよく覚えているのは、二次方程式の「解の公式」についてです。$ax^2+bx+c=0$ のときに $x=$……というやつですね。中学時代の僕は、この公式を使っていろいろな問題を解くことができたので、自分は数学が得意なんだと思っていました。

ところが高校に入って最初の数学の授業で問われたのが、この「解の公式を証明せよ」というものでした。僕は、いったい何を聞かれているのかわからず、ただ答案用紙に解の公式そのものを書いて、それで終わりです。ところが問われていたのは、この「なぜこの公式になるのか」を証明せよということでした。

●二次方程式　解の公式

$$ax^2+bx+c=0$$

$$x=\frac{-b\pm\sqrt{b^2-4ac}}{2a}$$

あとで先生が解説してくれましたが、その証明はけっこう難しかったです。しかし僕にとって何よりも驚きだったのは、そんなことを聞かれるんだということでした。公式は公式として覚えるだけでいいと思っていましたから。その公式を証明せよといわれたのは、僕にとっては世界観が変わるような経験でした。

進学校で、とにかくみな熱心に勉強する校風でしたから、僕もいろいろと勉強しました。文系科目も理系科目もとれるだけ全部とって、勉強しました。塾や予備校には行きませんでした。大学受験のときに文系に進むか理系に進むか少し悩みましたが、なんとなく文系にしました。

現役で東京大学の文科一類を受けて通り、そのまま法学部に進みました。

東大法学部というのは、だいたい、司法試験を受けて弁護士になるコースと、公務員試験を受けて官僚《かんりょう》になるコースの二つに分かれます。「その他」の少数の人たちは「政治コース」というのに行きます。僕は、とくに何がしたいと決まっていなかったので、政治コースにしました。

中国語を学んで中国へ

僕が通った高校には、珍しく第二外国語の授業がありました。そこで僕は高校時代、中国語をとりました。最初から何か目的があったわけではありませんが、勉強しているうちに面白くなって、中国に対する興味もわきました。

高校を卒業して大学に入る前の春休みに、高校で一緒に中国語を勉強していた友達と中国旅行をしました。それが初めての海外旅行でした。僕は東京大学の入学式には出ないで、めいっぱい旅行をしました。

当時、海外に個人旅行をするというのは、まだ珍しかったと思います。『地球の歩き方』という旅行ガイドブックがありますね。いまではもっとも定番のガイドブックですが、当時は、団体ツアー旅行ではなく個人で海外に行くんだという「とんがった」若者たちが『地球の歩き方』を片手に、バックパックを背負って、旅に出たのです。

高校を卒業したての僕は、そういうのに憧れて、真似《まね》をしてみたのです。


そして香港から中国に入り、西へ、北へと中国をぐるっと回りました。

一九八七年の当時、中国は「改革開放」という市場経済への移行政策を始めたばかりの頃で、外国人の個人旅行が少しずつ許されているという状況でした。昔ながらの人民服を着たおじいさんが日本人の僕をみてびっくりしていたり、小さい子どもがタバコを吸っていたり、町から町へ移動する汽車のなかがごった返していたり、とにかく今日の「豊かな」中国のイメージとはまったく異なる「発展途上」の巨大国家の勢いに衝撃を受けました。

出会う人たちと、高校で学んだ中国語を使い、わからないところは筆談《ひつだん》をして、体当たりでコミュニケーションをしました。当時の日記に、僕はこんなことを書いています。

――中国の人は、みんな大きな声で話す。だから自分も大きな声で話さないと通じない。学校では中国語を教わったが、現地に来てみて実際に人びとが話しているのは「中国語」というより「中国人語」だ――。

汽車のなかで知り合った人の家に連れて行ってもらったり、親切にいろんなところを案内してもらったりしました。彼らは、当時まだ珍しかった日本の若者からいろいろと日本のことを学ぼうとしていたのだと思います。

また、中国各地に革命記念館があり、かつて日本軍が中国でおこなった残虐《ざんぎゃく》行為が生々しく描かれ、これに対して人びとが抗日《こうにち》戦争を戦った様子が展示されているのをみました。そうした歴史は学校で習ったつもりでいましたが、実際に現地で向きあうと、強烈な印象が残りました。

中東・コーカサスへの旅

一九八八年、二〇歳になる年に、思い立って一人でイランに旅行に行きました。

一九八〇年から続いていたイラン・イラク戦争が終わったというニュースをみて、その国の様子をみてみたいと思ったのです。まったくの野次馬根性《やじうまこんじょう》です。

モスクワ経由テヘラン行きの飛行機に乗って、言葉もまったくわからないイランに入りました。ペルシャ文字ですから、数字すら読めません。飛行機で隣に座ったおじさんがいい人で、テヘラン郊外のその人のお宅にしばらく泊めてもらいました。

イランでは、女性はヘジャブという黒い布で頭や身体を覆《おお》わなければなりません。町中で女性たちが黒い布をまとっているのを生でみるのは、やはり驚きでした。ところが家のなかでは、みなさんヘジャブはとって、明るくてカラフルな服できれいに着飾っていました。そのギャップに、さらに驚きました。

町を歩いていると、戦争の生々しい傷跡をみることができました。爆撃《ばくげき》で崩れたり穴の空いたりした建物がたくさんありました。きらびやかなはずのバザールの入り口は、暗く静まりかえっていました。

町で出会った人が、自分の家族が戦争で亡くなったといって写真をみせてくれました。

また、墓地にも連れて行ってもらい、多くの人たちが家族の死を嘆《なげ》いている姿をみました。

その後イランから陸路を北上して、当時まだソ連の一部であったアゼルバイジャンとアルメニアを訪ねました。

アゼルバイジャンとアルメニアは当時、ナゴルノ・カラバフ州という地域の帰属《きぞく》をめぐって対立し、紛争状態になっていました。アルメニアの首都エレバンに行くと、多くの人が「ナゴルノ・カラバフ州はアルメニアのものだ」と主張して、集会を開いていました。

僕は、みなが一生懸命頑張っているので、話を聞きたくなりました。市庁舎だか議事堂だかの前で座り込んでいる人たちから話を聞こうと思い、でもそのときに手ぶらではいけないと思って、マーケットでブドウを買ってもっていきました。ところがその人たちは「ハンガー・ストライキ」といって、食べないことで抗議の意思を表明していたのです。あえてお腹を空かせて戦っている人たちの前に、何もわからない日本の学生がブドウをもってきたので、そこにいたおばさんに「あんた、なんなの！」と怒られました。

本部テントのようなところに連れて行かれて、そのおばさんから、なぜ自分たちがこの

1988年、テヘラン近郊の墓地。
多くがイラン・イラク戦争で死んだ若い兵士たちだという

アルメニアの首都・エレバンで。
筆者（左から2番目）の隣にいるのが、本文中に登場するおばさん

活動をしているのか、いろいろと聞かされました。といっても、そのおばさんの英語は片言で、僕も当時片言でしたから、話せた内容は限られています。

自分たちの国の領土のために戦うという感覚は、僕には理解できないこともありましたが、その熱意は伝わってきました。そこには若い人たちもたくさんいました。僕は、社会のための意思表示を多くの人が真剣にしているということを、実感しました。

ここまで、僕の学生時代の海外旅行の話をしてきました。どの国でも、町でたまたま出会った人が親切にしてくれて、泊めてもらったりもしました。僕は幸運にも何も危険な目にあいませんでしたが、これから旅をする若いみなさんには、危険なこともあるので、知らない人の家に泊めてもらうのはおすすめできません。

大学で学んだこと

大学では、いまとはちがい、授業になんかほとんど出ない学生がたくさんいて、僕もその一人でした。ただ一～二年生のときに二つのゼミをとり、それには一生懸命とりくみました。一つは第三世界論ゼミ、もう一つは公害論ゼミです。

第三世界とは、いわゆる開発途上国のことです。冷戦時代、世界はアメリカ側とソ連側の二つに分かれていましたが、そのどちらでもないという意味で使われた言葉です。今日では「グローバル・サウス」と呼ばれることもあります。

ゼミでは、『なぜ世界の半分が飢えるのか』（スーザン・ジョージ著）という本を教科書にして、みなで発表しました。世界の格差は「南北問題」とも呼ばれ、世界の南半分の国々が貧しいのは、彼らが遅れているからとか怠けているからとかではなく、北の「先進国」や多国籍企業が自分たちの都合のよいように世界のルールをつくっているからだということを学びました。

ゼミの発表として、学園祭のときに、タイの農村の貧困問題に関する演劇をやりました。僕は医者の役をやりました。みなで、その農村の様子を想像しながら劇をつくりました。

公害論のゼミでは、産業による排水や排ガスで環境が汚染される「公害」問題について学びました。日本の公害問題としてはもっとも有名な水俣病《みなまたびょう》の問題をとりあげ、熊本県水《みな》俣市《またし》にゼミ合宿のようなかたちで何度も訪ねました。水俣病《みなまたびょう》は、有機水銀《ゆうきすいぎん》を含む工場排水で魚が汚染され、それを食べた周辺の住民が神経障害を発症したという問題です。

いまでこそ「環境に優しい」ことが大切とされ「持続可能な開発目標（ＳＤＧｓ）」が語られる世の中ですが、当時はまだ、経済発展のためには少々の環境汚染はやむをえないというようなことが平気でいわれていました。

水俣病《みなまたびょう》の被害者のなかには、胎児性患者《たいじせいかんじゃ》といって、その水銀汚染のために障害をもって生まれてきた方々がいました。そのお一人のヒゲをお風呂場で剃《そ》るのを手伝ってくれといわれ、他人のヒゲをカミソリで剃《そ》るという初めての経験をしました。ちょっと血が出てしまって、申し訳なかったと思っています。尿瓶《しびん》で他人のおしっこをとるのも、このとき初めて経験しました。

一九八九年、昭和天皇が死んで、元号が「平成」に変わりました。昭和天皇は、かつてのアジア太平洋戦争の責任者でしたから、国際的には、天皇および日本の戦争責任が大きく論じられました。しかし日本のテレビのほとんどは、そうした問題にはだんまりで、各局ともキャスターが喪服を着て登場しました。国中が「喪中《もちゅう》」で静まりかえりました。僕は、おかしな国で、バカげた社会だと思いました。

D ビルマ民主化運動への支援

一九八八年、ビルマ（いまのミャンマー）で軍事クーデターがおきました。これに抵抗する学生たちは、国内のジャングル地帯に逃れ、軍事政権打倒と民主化のための戦いを展開しました。ジャングル地帯にはカチン族やカレン族といった、ビルマ族以外の多くの民族が住んでいて、そうした地域が軍事政権との戦いの拠点となりました。

民主化運動の指導者アウンサン・スーチーさんは自宅軟禁《なんきん》され、その解放を求める声が国際的にも高まりました。

一九九一年の春、僕は大学の友人たちと計七人で、民主化運動をする学生たちを支援しようと、このジャングル地帯を訪ねました。アジアのキリスト教団体の方と相談をして、蚊帳《かや》をもっていくことにしました。ジャングルで学生たちが蚊に刺されてマラリアに罹《かか》っており、それを防ぐには蚊帳《かや》が必要だということでしたたので、みなでザックに蚊帳《かや》を詰め込んで行きました。

仲介してくれた人に従って、タイの西部の町から、ボートで川を渡ってビルマ領内に入りました。勝手に入ったので、密入国ということになります。そしてジャングルのなかを進み、学生たちのキャンプを訪れて、蚊帳《かや》を届け、交流しました。

キャンプファイヤーをしたり、歌を歌ったり、盆踊りを披露《ひろう》したりして、みなで笑いました。日本食だといってインスタントみそ汁をもっていったら驚かれました。少数民族はジャングルのなかで自らの「政府」をつくっており、「大臣」という人たちにも会いました。学生たちはキャンプで、まさに軍隊式の生活を送っていました。滞在中に砲撃の音が聞こえたこともあります。軍事政権が攻撃をしてきていたからです。

帰る日に「来てくれて、ほんとうにありがとう」といわれました。そして「次のときには、武器をもってきてくれ」と満面の笑顔でいわれて、ビックリしました。

えっと、そんなことできるわけないし、と思ってとまどっていたら「武器が無理なら、武器を運ぶボートのモーターでもいい」といわれました。とりあえずその場は笑顔でごま

ビルマ（ミャンマー）で出会った少数民族のリーダー、学生リーダーと。左端が筆者（1991年）

かして、さようならをしました。

帰国したあと、みなで話しあいました。僕らにはいったい、何ができるのか。一人がいいました。「武器は無理だけど、ギターの弦《げん》を送ろうよ」。キャンプファイヤーのとき、彼らがもっていたギターは弦《げん》が足りなかったからです。でも、あのジャングルにどうやってギターの弦《げん》を送ればいいのかわかりません。

結局、僕ら七人がビルマと直接かかわったのは、それっきりでした。

それから三〇年後の二〇二一年、ミャンマーでまた軍事クーデターがおきました。僕はピースボートのメンバーとして、民主化運動の指導者の一人に連絡しました。その彼女は、実は三〇年前に僕らが訪ねたあたりのキャンプで活動していた学生だったことがわかりました。

湾岸戦争が大きなきっかけ

僕が「平和運動」というものに直接かかわるようになったきっかけは、一九九一年の湾岸戦争です。この前年にイラクが隣国のクウェートに侵攻したことを受け、アメリカを中心とする多国籍軍がイラクに対して戦争をおこなったのです。

このときアメリカは日本政府に対して、自衛隊《じえいたい》を派兵してこの戦争に加わるよう迫りました。自衛隊《じえいたい》を送ることが国際貢献《こうけん》だという主張も出てきました。当時は、憲法九条のもとで、自衛隊《じえいたい》が日本の領外に出ることはまったく禁止されていました。僕は、日本は派兵すべきでないし、戦争に協力してはならないと考えました。

僕はその数年前に、イランや周辺の国々を訪れていましたから、その地域でまた戦争が始まろうしていると知ったときに、人ごととは思えませんでしたし、何かしなければいけないと思いました。

僕が通った東京大学には、将来は官僚《かんりょう》や国のリーダーをめざすような学生がたくさんいるはずでした。しかし、実際に戦争がおきそうになったとき、まわりの学生たちは、ほとんどが無関心のようでした。僕は、イラン旅行のあと、もっとイランのことを知りたいと思って、大学でペルシャ語の授業をとりました。そのクラスでさえも、中東で戦争が始まろうとしていることについて、先生も学生もほとんど話題にしなかったので、ショックを受けました。

それでも友人の何人かが、この戦争について僕と同じ思いでいることがわかりました。そこで、「日本は戦争に協力するな」といって、友人たちとグループをつくって活動を始めました。友達のつながりで輪が広がって、首都圏のいくつかの大学の学生グループとなりました。もちろん当時はＳＮＳなんかありませんから、口コミです。

アメリカ大使館前で抗議をしたり、日本の外務省や国会の前に集まって意思表示をし

1991年、アメリカを中心とする多国籍軍とイラク軍が戦った湾岸戦争（写真：ロイター＝共同）

たり、政党の本部を訪問して「海外派兵反対」という要請をしたりしました。新聞やテレビの取材を受けると、そのときにもらった記者さんの名刺をとっておいて、次のアクションの前に電話やファックスをして、また取材してくれるよう働きかけました。そうやって、世の中に向けてアピールするようにしました。

結局のところ日本政府は、自衛隊《じえいたい》を直接派兵することはしませんでした。しかし、九〇億ドルもの財政支援を、この戦争に対しておこないました。そして、これがきっかけとなって、日本の自衛隊《じえいたい》を海外に派遣《はけん》するための法律が翌年につくられ、その後自衛隊《じえいたい》の海外での活動範《はん》囲《い》は、世界情勢とともにどんどんと広げられていきました。

外国人労働者とホームレスの支援

湾岸戦争に反対する活動のなかで、平和や人権問題に関心のある友達の輪が広がっていきました。そのなかで僕は、外国人労働者やホームレスの人びとの支援活動にもかかわるようになりました。

一九九〇年代前半は、とくにイランからたくさんの人びとが日本に来て、建設現場などで働いていました。当時イラン人が日本に入国するのにビザは不要でした。そのため、イラクとの戦争が終わったばかりのイランから、多くの人たちが出稼ぎに来ていたのです。そうしたイラン人たちが日曜日に集まる東京・原宿の代々木公園は「リトル・テヘラン」と呼ばれました。話を聞いてみると、賃金《ちんぎん》を支払われていないとか、仕事中にケガをしたら補償《ほしょう》もされずにクビにされたとか、いろいろな問題が出てきました。

僕たちはグループを立ちあげて、そうしたイラン人から相談を受け付けて、雇用主《こようぬし》に対して交渉に行ったり、労働基準監督署に相談したりするなどのお手伝いをしました。当時僕は二〇代前半でしたが、そうしたところに乗り込んでいくのはこわいと思うこともありました。しかし行ってみると、賃金《ちんぎん》を払っていない親方《おやかた》も、実は親会社から十分な支払いを受けていないなど、何重にもわたる社会問題だということがわかりました。

代々木公園にはまた、ブルーシートのテントがあって、そこに住んでいる人たちがいました。いわゆるホームレスの人たちです。僕たちは渋谷や新宿で、そうしたホームレスの人たちへの炊《た》き出しや、命を守るための見回りの活動を始めました。

それは、とてもキツい活動でした。炊《た》き出しをもっていった人が、その夜中には亡くなってしまうこともありました。酔っ払いに絡《から》まれて暴行を受けたこともありました。ホームレスの人にではありません。僕に殴《なぐ》りかかってきたのは、ホームレスのことが嫌いな、スーツを着たサラリーマンです。そのときは、もし殴《なぐ》り返したらこっちが悪者にされると思い、やられるままに我慢《がまん》しました。

僕は数年にわたりこうした支援活動に従事しましたが、ホームレスの人に暴力を受けたり脅《おど》されたりしたことは一度もありません。

こうした活動を続けるためには、当然、お金が必要です。メンバーは、給料なんてもちろんなしで活動しますが、交通費や、炊《た》き出しなどのための実費がかかります。事務所スペースや物資の置き場が必要だったので、アパートの一室を借りました。みなでお金を出しあってそれを運営していくのは、けっこうたいへんでした。

活動内容を伝えるニュースをつくって、印刷して、支援してくださる方に郵便で送り、寄付を募《つの》って何とかやりくりしました。

障害者介助の仕事

こうした活動にのめり込んだせいで、大学を卒業するまでに二年も留年《りゅうねん》してしまいました。

そのあいだに大学の友人に誘われて、身体障害者の人の在宅介助《かいじょ》をするボランティアを始めました。施設ではなく自分でアパートを借りて独り暮らしをしている障害者の人が、学生のボランティアを入れて日々の生活をしていました。介助《かいじょ》は、食事、トイレ、お風呂、なんでもしました。飲み物はストローをさして、電話は受話器をもってあげて、タバコを吸う人にはその介助《かいじょ》もします。僕は吸いませんが。

まだ「バリアフリー」などという言葉は広まっていない時代です。駅にはエレベーターもエスカレーターもないところが多く、通りかかる人に声をかけて、四人がかりで、車椅子に乗った人をそのまま階段で上らせたり降ろしたりしました。

はじめは無償でしたが、途中から、介助料《かいじょ》をもらうようになりました。バイト料みたいなものです。行政から、障害者福祉の一環として、そうしたお金が出るのです。自分である程度自由に時間のやりくりができましたし、夜の泊まりで介助《かいじょ》に入れば、昼間は好きな活動に専念できるということもあり、ちょうどよい「仕事」になりました。大学はなんとか単位をとって卒業し、しばらくはこれを仕事にしながら、活動を続けました。

大学を卒業する前、大学の友人が焼き鳥屋に誘ってくれて、ビールを飲みながら話しました。彼は「世の中をよくしたいと思っているのなら、政府に入って、なかから変えるべきじゃないか」といいました。彼は、外交官の試験を受けて、外務省に入ることになっていました。平和は大事だともいっていて、自分は「憲法九条を守るために外務省に入る」のだといっていました。

僕はちょっとだけ考えましたが「いや、いいよ。僕にはそういうのは向かないと思う」と答えました。いわゆる就職もせずに、好きなことをやっていくということに心配がなかったといえば嘘《うそ》になりますが、なんとかなるだろうと思っていました。

それはちょうど、バブル景気の末期の頃です。バブルの時代は、社会全体で、何をしたって生きていけるだろうと楽観的な空気がありました。フリーターというのは、ふつうの就職にしばられない夢のある生き方だと思われていました。僕が、就職をせずに平和活動や社会運動の世界に飛び込んだのは、バブルに背中を押されたようなものだと思います。

実際のところ、バブル景気はその後、すぐにはじけて終わってしまったのですが。

D 挫折、NGO、結婚

僕は大学を出たあと、障害者介助《かいじょ》の仕事をしながら、平和活動や、外国人労働者やホームレスの支援活動を何年か続けました。しかし、途中で体をこわしてしまいました。身体的にも精神的にも、あまりにたいへんだったからです。「うつ状態」と診断されて、薬を飲むようになりました。昼間からアパートで酒を飲むようにもなってしまいました。アルコール中毒に片足を突っ込んでいたと思います。

今後どうしようかと思っていたときに、横浜で「ピースデポ」というNGOを立ち上げるという話を聞きました。それは「平和のためのシンクタンク」をめざし、単に「戦争反対」や「平和が大事」と訴えるだけではなくて、そのための政策を調査し提言しようということを掲げていました。

僕は、目を開かされました。その理念に共感をしたのはもちろん、スタッフは有給で雇《やと》われて、朝から夕方まで定時でデスクで働けばよいというところが魅力的でした。ホームレスの人たちに対する夜中の炊き出しや、暑いなかや寒いなかでの反戦デモに比べれば、体力的には楽だろうと思いました。それで、ちゃんと平和に貢献《こうけん》できるのであればそれはよいことだと思い、体をこわして将来を案じていた自分にはもってこいだと思いました。

扉をたたいて、これまでの活動歴を伝え、スタッフになることができました。

そのピースデポで僕は、一九九八年から五年間働きました。ここでは、平和、核軍縮、安全保障といったテーマでの政策の研究や提言にかかわりました。同時に、NPO法人の運営を実地で学びました。会員のみなさんからの寄付で、国連で開かれる核兵器に関する国際会議に何度も参加させてもらいました。

こうした活動で知りあったのが、世界中で核兵器廃絶《はいぜつ》に取り組んでいるNGOの人たちです。のちにICANを発足させることになるメンバーや、その先輩にあたるような各国の人たちと出会いました。ヨーロッパやアメリカのNGOの人たちが、僕たちと変わらない平和への熱い思いをもちながら、外交政策にも精通して各国政府代表と堂々と渡りあう姿をみて、すごいと思いました。こうした活動のなかで、初めは心もとなかった英語の力も、だんだんと身についてきました。

二〇〇二年にピースデポを辞め、翌年からピースボートで活動するようになりました。ピースデポは少人数の専門家集団という感じであるのに対して、ピースボートは毎年何千人もの人が参加して幅広いテーマにとりくんでおり、専門性よりも総合力が求められます。僕としては、両方の現場を知ることができてよかったと思っています。

私生活では、二〇〇一年に結婚し、翌年息子が生まれました。結婚したのは、障害者の介助《かいじょ》の仕事のなかで知り合った女性です。いまは高齢者の介護《かいご》の仕事をしています。平和活動を一緒にしているわけではありません。妻は、僕がやっている活動について、平和や核廃絶をめざすということについて大きな意味で賛同《さんどう》してくれていると思います。けれども、活動内容の詳しいことは知らないと思いますし、僕もあまり話していません。

恋愛ということでは、二〇代のときに、主に活動のなかで知りあった女性と何人かお付き合いしました。

NGOや社会運動の世界では、同じ活動をしながらカップルになったり結婚したりする例が多いと思います。そういうときにお互いを尊重して長続きする関係をつくるのは、実は難しいことだと思います。僕は、未熟《みじゅく》な人間でしたので、いろいろと迷惑をかけたと思っています。

いまでは「同性婚」が日本でも議論される時代になりましたが、僕が二〇～三〇代の頃には考えられませんでした。学生時代、活動で知りあったある男友達が神妙《しんみょう》な顔で手紙をくれて、開けてみたら「自分はゲイだ」とあり「ただそのことを伝えたかっただけだ」と書いてありました。そういう「カミングアウト」をされたのは初めてだったので、驚いたのと、なんて言葉を返していいかわからなかったことを覚えています。

第3章

世界を平和にするために——僕が大事だと考える13のこと

ここまでの章では、僕がこれまでどのような平和活動を、どのような思いでしてきたかについて述べてきました。みなさんはそのなかに、自分も関心があるというテーマや、自分もやってみたいと思う活動があったでしょうか。そうだとすれば、うれしいです。そうでなかったとしても、市民活動によって世界の平和にかかわっていくことや、社会に働きかけていくことについて、ある程度のイメージはもってもらえたのではないかと思います。

国家や行政の立場とはべつに、市民の立場だからこそできることがたくさんあります。この章では、一市民として世界の平和にかかわっていくときに大切となる考え方や、活動にあたっての心構えについて、述べていきたいと思います。僕が、自分自身の経験に基づいて、大事だと思っている二三のことを挙げていきます。

❶ まずは日本を飛び出てみる

平和について考えたいと思ったら、まずは、日本を飛び出て外国に行ってみることをおすすめします。個人旅行でも短期留学でも、ピースボートでも、NGO主催のスタディ・

ツアーに参加するのでも、なんでもいいです。なるべく一〇代か、二〇代の早いうちに、一度は経験したほうがいいでしょう。

自分が暮らしてきたのとはまったくちがう社会や環境のなかで、自分とは見た目も話す言葉も異なる人たちが、でも同じ人間として、暮らしている。そのことを実感することが、世界のことを考えるうえで欠かせない最初の一歩です。そして、異国で出会った人が、実は自分と似たところのある同じ人間なんだと気がついたときに、不思議な感覚がして、楽しい気持ちがわくはず

です。

平和とは、基本的には、国と国の関係にかかわることです。他国の事情を知り、他国の側から自分の国をみつめ直すことが大切です。

日本のあなたがある国のことを「こわいな」とか「変だな」と思っているとしたら、たいていの場合、その国の人は日本のことを「こわいな」とか「変だな」と思っています。これがこじれていくと国際問題となり、最終的には、戦争にまでなります。

国と国は異なっても、人びとは、同じ地球のうえにいて、環境や資源を共有し、経済も社会も文化もつながっています。同じ人間として、喜怒哀楽《きどあいらく》があります。

僕自身が平和活動をするようになった動機の一つは、旅先で親切にしてもらった中東の人たちが戦争で傷つくようなことがあってはいけないという思いでした。そして、活動につまずきそうになったときには、世界中に同じ気持ちの仲間がいるという思いに励《はげ》まされて、へこたれずに続けてくることができました。

海外に出ると、日本の常識が世界の常識ではないことが、よくわかります。日本でみかける外国人をあなたは「ガイジン」と思うかもしれませんが、日本を一歩出れば、あなたが「ガイジン」です。

環境や人権の意識、男女の格差など、さまざまなことについて、海外に出ると見方が大きく変わります。そして、自分には、これまで考えてきた以上に、もっと多様な選択肢があるということがわかるはずです。

社会における格差や不平等、人権問題などが、暴力や紛争のもとになることがあります。環境やエネルギー政策がまちがえば、それが資源の奪いあいを生み、平和を脅《おびや》かすこともあります。

いまの時代は、SNSで、簡単に世界とつながることができます。SNS上で、海外の友達の写真や動画をみたり、チャットも簡単にできます。外国語も自動翻訳《ほんやく》で、だいたいのことはわかりますよね。

それでも僕は、やはり、リアルに外国に足を運ぶことをおすすめします。リアルに足を踏み入れることでしかわからないことがたくさんあるからです。それは、その土地のにおい、風の勢い、人びとの表情、そして、それらと向きあうときの自分のドキドキやワクワクです。一つひとつの場面に、ボタン一つで削除することのできないリアリティがあります。

僕自身そうでしたが、最初は「とりあえず見物」という気もちで行ってみるのでいいでしょう。そして一回か二回海外を経験したら、次は、ただ「みに行く」だけではなくて、何かを「しに行く」のがいいと思います。ボランティア、インターン、ワーキングホリデー、あるいは何かテーマを定めて調査や取材をするのもいいでしょう。海外で何かを「やってみる」ことで、そのたいへんさのなかから、えられるものは多いはずです。

なお、日本はいまや、とても多国籍で多民族の国家です。むかしからの多くの在日コリアンや在日中国人の方々に加えて、出稼《でかせ》ぎや留学のために日本に来て暮らしている人たちが増えています。海外に行くだけでなく、国内のそうしたコミュニティを訪ねるのもおすすめです。気になるエスニック料理の店に行ってみると、移民の方が経営している場合があります。地域や自治体で「国際交流フェア」をやっている例も多いです。

僕は二〇代で外国人労働者の支援活動をしていたときに、東京・八王子のイラン人のアパートに何回もお邪魔して、イラン料理をご馳走《ちそう》になりました。彼らの多くは帰国しましたが、いまでもメールなどを通じて、付き合いが続いています。

❷ 国を疑え

人は争う生き物だから、戦争は避けられないという人がいますが、それはまちがっています。戦争は、動物の戦いとはちがって、国家の政府が計画して実行する事業です。それは、人びとの命を奪い、体と心を深く傷つけ、終わったあとも人びとを苦しめ続けます。

僕の親や祖父母は、戦争の恐ろしさを身をもって知っていました。そして、その戦争が日本政府のあやまちによって引きおこされたことも、よく理解していました。

長崎で一三歳のときに原爆《げんばく》に被爆《ひばく》し、戦後になって核廃絶《はいぜつ》や平和を訴えてきた田中熙巳《てるみ》さんは、少年時代は「軍国少年」だったといいます。当時は軍国主義教育がおこなわれて、お国のために命を投げ出すことが正しいと教えられていました。

しかし、原爆《げんばく》が投下され、日本は戦争に敗れました。

かつて使われていた教科書は、黒塗りにされました。子どもたちは、それまで先生や大人たちにまちがったことを教えられてきたということを知ったのです。

戦後の教育現場で、先生たちは「教え子を再び戦場に送るな」というスローガンを掲げて、民主主義や人権、平和を教えるようになりました。

しかし今日、戦争体験者が社会の第一線から退くにつれ、国家が「こわいもの」であるという感覚が薄れてきているようです。国家は自分たちを「守ってくれるもの」と思っている人が、増えてきているように思います。

でも、平和を守るということは、国を守るということを意味しません。大事なのは、人びとが平和に生きる権利を守るということです。国家が人びとの権利を奪うことだってあります。気候変動や感染症など、国家の利益をこえて地球全体でとりくまなければ人びとが死んでしまうという問題もたくさんあります。

テレビのニュースでは、「日本は…」とか「日本としては…」というような表現をよく耳にします。でも「日本」って、誰のことですか。

戦時中は「大本営発表」として、政府に都合のよいことばかりが宣伝されてきました。今日でも、政府の記者会見をそのまま流しているようなニュースをうのみにしてはいけません。

政府のいうことは、いったん疑って、ほんとうだろうかと自分の頭で考えることが重要です。

かつての戦争のようなことにはもうならないだろうなんて、思わないでください。

北朝鮮のテレビが独裁者をたたえている映像をみて、「かつての日本の戦時中のようだ」と、広島のある被爆者《ひばくしゃ》の方がいっていいました。

紛争下で苦しむパレスチナで、子どもたちに「夢」を聞くと多くの子が「自爆攻撃《じばくこうげき》をして敵をやっつけたい」と答えるという話を、現地で平和活動をする青年が嘆《なげ》きながら語っていました。いわば「自爆《じばく》テロ」をすることが、子どもの夢になってしまっているのです。

つまり人びとは、国家や集団の指導者に、いともたやすく扇動《せんどう》され、戦争にかり出されてしまう存在なのです。だからこそ、一人ひとりの考える力が必要です。

自分の国が好きだという感情をもつのは、悪いことではありません。でも、もし、誰かがあなたに「国を愛せ」といってきたら、それは疑うべきです。学校の先生であったとしてもです。

日本の国がおこなっていることに何か批判的なことをいうと「反日だ」なんていわれてしまうことがあります。しかし「反日」というのは、「非国民」と同様、戦時中の言葉づかいです。そのような言葉を使っていたら、冷静な議論はできません。

そして、いまある国が、将来もずっと同じであるということはありえません。アメリカが、ずっといまのままのアメリカであるはずがありません。中国だって、日本だってそうです。たとえば日本でこのまま少子高齢化が続けば、世界中からもっと多くの移民に来てもらう必要が出てきて、国のかたちは大きく変わっていくでしょう。

「強い国」とか「大きな国」とかいういい方も、疑うべきです。みなさんはアメリカが「世界で一番強い国」だと思っているかもしれませんが、ほんとうにそういえますか。そして、一〇年後はどうですか。

核兵器禁止条約ができたときに「この条約には、小さな国しか入っていないから、意味がない」という人がいました。きっと、アメリカ、イギリス、中国などが「大きな国」で、東南アジアや中南米やアフリカの国は「小さな国」だと思っているのでしょう。

でも、日本の人口が一億二千万人である（二〇二三年現在）のに対して、フィリピンは一億一千万人、メキシコは一億三千万人、ナイジェリアは二億一千万人です。これらの国々はいずれも核兵器禁止条約に入っていますが、はたして「小さな国」といえますか。

日本を一歩出てみるとわかりますが、世界は日々、変わっています。いまある国を絶対視せず、歴史の流れと世界の動きをみていくことが大切です。

❸ 自分も疑え

国家の政府がまちがったことをしているときに、僕たちはそれは「まちがっている」と、自信をもっていわなければなりません。

しかし、同時に、自分を疑う姿勢も必要です。自分が正しいと思ったことが実はまちがっている場合もあるから

です。たえず多くの人と意見を交わし、勉強を重ねることが大切です。

さらに、何かに対して「まちがっている」とあなたが考え行動をおこしたときも、あなた自身がその「まちがったこと」をしてしまっている可能性があります。

国家は、権力をもっています。ルールを決め、従わなければ逮捕《たいほ》したり財産を差し押さえたりできます。日本には死刑制度があるので、最終的には人の命を奪うこともできてしまいます。権力とは、それほどこわいものです。

しかし、権力は、日常の僕たちの暮らしや人間関係のなかにも存在します。たとえば、先生は生徒に対して権力をふるうことができます。男性優位の社会では、女性が不利な立場に置かれたり、いやなことを押しつけられたりすることが往々にしてあります。

僕は学生の頃から、多くのNGOや市民グループにかかわってきました。なかには、戦争に反対しているのに、そのグループ内での意思決定が、まるで上官が部下に命令するかのような軍隊調のものである団体や、人権を主張しているのに、内部で女性が差別的に扱われそれが放置されている団体がありました。

NGOや市民グループは、自分たちは「正しいこと」のために頑張っているのだから、少しくらいたいへんなことでも我慢しないといけないというふうになりがちです。その結果、特定の人がいばったり、ハラスメントが横行したり、過労が見過ごされたりする傾向があります。僕自身、若い頃のことを思い返して、反省しなければいけないことがたくさんあります。

ICANでも、かつて、メンバー内部で問題が発生したことがありました。それ以来、「性別（ジェンダー）、人種、民族、性的指向、障害などに基づくハラスメントや暴力、差別を許さない」というルールを文書で決めて、公表しました。

その後、ある女性メンバーが、ある男性メンバーのふるまいで傷ついたといって、堂々と会議の場で指摘し、みなで話しあって、その男性メンバーに役職をおりてもらったことがあります。

今日、国際NGOの世界では、差別等を禁止する内部ルールを定めていないと、公的機関から助成金をえられないことがあります。そのくらい、これは団体の信用問題にかかわる重要なことなのです。

日頃から、仲間のあいだでお互いを尊重しあうこと、そして、何か問題を感じたらすぐに話しあえる関係を築くことが大切です。

僕は大学生のときに、開発途上国の貧困問題について学びました。そこでみえてきたことは、いわゆる先進国が、途上国から資源を奪い、途上国に貧困を押しつけているという構造です。そしてそのような不平等な国際関係は、かつて「帝国」と呼ばれた諸国が世界の国々を植民地として支配した歴史とも重なっています。

日本は、多くの場合「支配する側」にいます。たとえば、日本政府が途上国に対しておこなう「援助」が、実際には日本の企業をもうけさせるようなしくみになっていることがあります。それが、途上国における汚職とつながっていることさえあります。

だから、単に、貧しい国に困っている人がいるといって「助けましょう」というだけでは、解決にならないのです。被害者に心を寄せて活動することは大切なのですが、自分たちが加害者の側にいないかどうかを点検することはもっと大事です。

たとえば、ミャンマー（ビルマ）の民主化運動を支援しようと考えた場合に、単に現地に行って何かを届ければよいかというと、そうではありません。現実には、日本政府がミャンマーの軍事政権を経済的に支援してしまっている実態があります。そういうことを点検して、日本政府にそれを止めさせる。これは、現地に行かなくてもできる、大事な支援です。

今日の世界は、とても複雑です。世界が貧しい国と豊かな国に分かれていて日本は豊かだ、といった単純な構造ではありません。途上国でも、日本でも、国内で大きな貧富の格差が生まれており、加害と被害の関係は何重にも入り組んでいます。

だからこそ、世界の何らかの問題に接したときに、その問題と自分がどうつながっているのかをたえず考えていくことが大切です。

❹ 自分の意見を表現する

社会的な問題に触れて、これは大事なことだと感じたら、そのことについて自分の意見を言葉で表現していくことが大切です。

何かの問題を学ぶことが自分への「インプット」だとすれば、それについての意見を表明することは自分からの「アウトプット」です。アウトプットすることで、インプットも深まります。なぜなら、自分の意見を言葉にまとめるのは決して簡単なことではないからです。

SNS上で「いいね」したり、絵文字やスタンプを押したりすることは、即時的な気もちの表現です。しかし、意見とは、それ以上のものです。自分の意見をまとめるためには、事実認識に

ついて曖昧《あいまい》なところがあればそれを調べ直し、深く考察することが必要になります。

あなたが意見を表明して、それに賛成の人が多ければ、「そうだ、そうしよう」と、ムーブメントがおきるかもしれません。反対意見の人がいれば、そこから議論が生まれるでしょう。いずれにせよ、あなたの意見表明は、社会に一石を投じるのです。

質問が出されてそれに答えることで、自分の考えはさらに深まります。結果として、相手に対してもわかりやすくなります。対話のなかで自分の考えが変わってくれば、変えればよいのです。

また、人の意見に反対を表明することについて、臆病《おくびょう》であってはいけません。よく、人に対して不同意を伝えることは、相手を傷つけてしまうことだと思って、躊躇《ちゅうちょ》してしまう人がいます。

とりわけ日本社会では、批判や対立を避けて、互いが考えていることを推察《すいさつ》しあうという、いわゆる「忖度《そんたく》」の文化がはびこっています。

これには良いところも少しはありますが、悪いところのほうが多いと僕は思います。なぜならそれは、少数意見や多様性を潰してしまいかねないからです。なにより、「忖度《そんたく》」なんてことが世界で通用するはずがありません。

英語には「アグリー・トゥー・ディスアグリー（agree to disagree ＝合意していないということに合意する）」といういい方があります。意見の不一致を互いに認めあうということです。友人や家族の間で、ある問題について意見が異なっても、それはお互いの個性のようなものとして受け止めればいいのです。

みなさんには、この社会を覆《おお》う不必要な沈黙をぶちこわす一人になってほしいです。

僕がピースボートのスタッフになったとき、息子は一歳でした。僕が乗船して仕事をするときに、妻と子どもを一緒に乗せていったこともあったのですが、毎回そうするわけにもいきません。結局、僕が船で海外に出ている間は、子育ては家にいる妻に任せっきりになりました。これでいいのかなという思いもありましたが、他にどうしようもないと思い、黙っていました。

ところがそれから数年後、僕よりも若い女性スタッフたちが次々と結婚、出産し、小さい子どもをもつスタッフがぐんと増えました。彼女らは、このままでは仕事にならないので、口々に提案を出して、その結果、船上に保育スペースが確立するようになりました。これは、思いを表現することで社会が変わる一例です。

ところで、自分の意見を文章で表現するときに「…ともいえるのではないだろうか」とか「…という見方もできなくはない」というふうに、遠回しないい方をしてしまう人が多いように思います。学生のレポートを読んでいて、そう感じます。でも、意見はなるべく「僕はこう思う」とか「私は…すべきだと考える」というふうに、短い文で、断言したほうがいいです。その言葉をつくる過程で、自分の考えが研ぎ澄まされるからです。

そのうえで、理由を説明したり、考え方を展開したりするために、さらに文章を重ねていくのがよいと思います。

文章には、さまざまなスタイルがあります。学者が書く論文では、証拠の提示や論理の展開が重要です。新聞やニュースの記事では、事実の正確さと、読者の関心に沿った平易《へいい》な言葉づかいが必要です。企業による商品の宣伝文では、それを買いたくなるような魅力の打ち出しが不可欠です。

ＮＧＯで社会活動をする人には、文章を書くときに、これら全部の要素が必要です。事実に基づき、論理的で、わかりやすく、かつ、提示するものが魅力的であること。さらにそこに、社会をよくしたいという熱い思いと、そこからくる詩的でアーティスティックな表現が加わると、なおよいと思います。

❺ SNSやメディアとどう付き合うか

あらゆる社会活動の基本は、人に伝えることです。そこに問題があること、改善や解決のための提案があることを伝え、一緒にとりくみましょうと呼びかけます。

しかし、自分一人では、伝えられる範囲が限られています。そこで大事になるのがメディアの活用です。

僕が学生の頃はスマートフォンもインターネットもなく、メディアといえば新聞とテレ

ビでした。何かアクションをおこすときには、各新聞社の代表番号に電話して「社会部」につないでもらい、そこに出た人に趣旨《しゅし》を述べたうえで「詳しくは文書を送ります」といって番号を聞き、ファックスを送りました。

当時はファックス、いまでは電子メールで送るこうした記者への案内を「プレスリリース」といいます。プレスリリースは、要点がはっきりとしていて、目立つ見出しがあることが大事です。長すぎたり、細かすぎたりすると、読まれません。僕たち自身が新聞やテレビの記者になったつもりで、どういう記事を書いてもらいたいのかということを考えながらプレスリリースを書くことが大事です。

新聞やテレビが「古いメディア」とするならば、ツイッター、インスタグラムなどのSNS（ソーシャルメディア）は「新しいメディア」です。

SNSは、手近なかたちで社会に意見を表明する手段になります。社会問題に関する投稿を「いいね」をしたりシェアしたりすることは、誰にでもできる社会的アクションです。

その反面、SNSは、人を侮辱《ぶじょく》したり、いじめたり、嫌がらせをしたりする手段にも使われています。みなさんのなかにも、そういう嫌な経験をしたことがある人もいるかもしれません。

ICANへのノーベル平和賞授賞式がおこなわれた翌月の二〇一八年一月、当時のICAN事務局長だったベアトリス・フィンさんが来日しました。彼女は長崎や広島で高校生や大学生らと交流したのですが、多くの生徒や学生が「SNSで発信すると、すごく批判されることがありますが、そんなときにどうすればいいですか」と聞いてきました。当時三〇代後半だったスウェーデン出身のベアトリスさんは、インスタグラムなどを巧みに操るいわば「SNSのプロ」でしたが、こう答えました。

「みなさんの仲間をつくることが大切です。みなさんが発信すれば、共感してくれる人、一緒にやろうという人が出てきます。そういう人たちの輪をつくることが大事です」

「いくら私たちが核兵器をなくしましょうといっても『いや、核兵器は絶対に必要だ』といいはる人たちはいます。その人たちは、考え方を変えません。その人たちを説得しようとする必要はありません。それよりも仲間を増やすことを考えましょう」

ベアトリスさんのいうとおりです。もちろん、反対意見を学ぶことはそれなりに意味があるのですが、そもそも嫌がらせをすることが目的の匿名《とくめい》の投稿も多いので、そういうものを相手にすることはありません。

いずれにせよ、SNSは補助的な手段として使いましょう。社会問題の現場は、リアルの世界にあります。SNSとリアルを逆転させてはいけません。

僕は、ネットではなるべく前向きで明るい話をすることにしています。つらい話のときや、人に謝罪《しゃざい》したり注意したりしなければならないときは、ネットではなくリアルで、つまりなるべく対面でするようにしています。僕自身の経験上、つらい話をネットでしてよかった試しがありません。

SNSが盛んな今日、どの情報が正しくて、どの情報がフェイク（にせもの）なのか、見極めるのは難しくなっています。僕は、今日の日本ではまだ、いわゆる大手の新聞やテレビは一定の信頼性を保っていると思います。ネット上で気になるニュースがあったとき、それが大手の新聞やテレビに出ていることかどうかをチェックするのは、その情報の確度をはかるのに有効な手段です。また、自分たちがおこなっている活動が新聞やテレビで報道されると、社会的な信用度が増すということもいえます。

もちろん、日本の新聞やテレビは、政府の発表をそのまま垂れ流しているようなところも多いので、うのみにしてはなりません。企業が、商品広告を記事ふうに出している場合もあります。新聞やテレビの情報を基本にして、さらに多様な視点をえるために自らネット上の情報を探しましょう。そのさい、常に「誰が出している情報か」をチェックすることが大切です。

❻「よい戦争」なんてない

僕は自分を平和活動家だと思っていますが、では「平和」とはなんなのかと問われると、答えるのはなかなか難しいです。

戦争がなければ平和だとは、いえません。

貧困、気候危機、災害、医療の不足、差別や人権侵害に苦しめられている人たちがいます。これらは「構造的暴力」とも呼ばれます。ほんとうに「平和」な社会を達成するというのは、はてしない課題です。

それでも僕の場合は「戦争反対」ということが原点です。

多くの戦争は「正義」を掲げて開始されます。国家防衛《ぼうえい》のため、領土のため、独裁者からの解放のため、腐敗《ふはい》した政権を打倒するため、などなどです。

しかし、「正義の戦争」なんて、ほんとうにあるのでしょうか。

ピースボートでパレスチナ難民キャンプを訪れた際に、日本の学生が「平和」の大切さについて語っていたら、地元の青年が「イスラエルに屈服《くっぷく》しろというのか？　そんなの受け入れられない！」と反発したことがありました。多くのパレスチナ人にとって、イスラエルが力で支配してくる以上、力で抵抗するのは「正義」だと考えられているのです。

このように、「平和」と「正義」が対立する概念であるという考え方は、世界各地にみられます。

これは、非常に悩ましい問題で、み

なさんにも悩んでほしいです。

僕は、多くの戦争体験者や原爆《げんばく》被害者に出会ってきた経験から、「正義の戦争」があるとは思いません。戦争とは、組織的な人殺しです。国のためだとか、自由と民主主義のためだとかいわれても、僕は、自分が銃をもって人を殺しに行くことはないと思います。「正義の戦争」があると考える人もいるでしょう。その場合には、むやみやたらに戦争が正当化されないよう、どのようにそれを限定して定義するのかについて、真剣に考えてほしいです。

僕は、一九九一年の湾岸戦争、二〇〇一年のアフガニスタン戦争、二〇〇三年のイラク戦争、そして二〇二二年のウクライナ戦争にあたって、とにかく「戦争反対」だといって声を上げ、行動をおこしました。

そのときに、これらの国々の歴史や社会を深く理解していたかといえば、そんなことはありません。でも、とにかくこんな戦争はまちがっていると思って、声を上げました。

おかしいことはおかしいのです。感じた気持ちは、そのまま出したほうがいいです。人びとが組織的に殺されている様子をみて、なんかおかしいと思うけれども「自分はまだ勉強していないから」といって発言しないでいるとすれば、そのほうがよほどおかしいことです。

なんらかの社会問題について「これはおかしい」といって声を上げると、こんな言葉が返ってきます。

「気もちはわかる」

「でもそういう感情論だけではダメだ」

「発言するのなら、もう少し勉強してからにしたほうがいい」

そして、テレビでは「専門家の先生」たちが、それらの諸問題の背景と現状を解説してくれます。先生方は、たいてい、この現状が「しかたない」ものだといいます。現状の説明だけして高い報酬《ほうしゅう》をもらう「専門家」が世の中には大勢いるものです。

でも、現状がおかしいときに「おかしい」と表明するのは、人間としてあたりまえのことです。

二〇一七年に、核兵器禁止条約が誕生しました。これは、広島・長崎の被爆者《ひばくしゃ》たちの声が、人びとと国々のあいだに浸透《しんとう》していった結果、国際条約に結実したものです。

核兵器を落とされた人びとの声が、落とす側の論理に勝ったのです。落とす側の論理とは、国家安全保障戦略や抑止《よくし》論などと呼ばれるものです。こうした理屈に対して、「これはいくらなんでもおかしい」という人びとの常識が上回ったのです。

もちろん条約をつくるには、法的・専門的な議論が必要です。そこでは、専門家が参加しました。このとき専門家たちは「この世の中はおかしいが、しかたない」というのではなく、「この世の中はおかしいが、変えられる」といって、知恵を出してくれたのです。

世界の諸問題に触れるとき、みなさんには、被害を受けている人の視点で見てほしいと思います。そして、それが「なぜしかたないか」ではなく「どうすればよくなるか」を考えてほしいと思います。

❼ 仲間を増やし、横につながる

社会的な問題に気がついて、モヤモヤしたら、まずはその問題が気になっているということを誰かに話してみましょう。家族でも友達でも、誰か「そういう話をわかってくれそう」な人が一人くらいはいるはずです。その人に、話してみましょう。

そうすると、案外「私もそれ、気になっていた」という反応がかえってきたりするものです。いきなり最初から、学校のクラス全員だとか、SNSで不特定多数に向かって「この問題について僕はこう思う！」なんて大演説をぶつ必要はありません。まずは、信頼して話せる人を周りに何人かつくることが大事です。

社会的な問題について、自分で調べて考えることじたい、立派な活動です。でも、それを自分一人の活動にとどめず、仲間をつくり、グループでの活動にしていけば、社会への影響力が出てきます。

たとえば世界のどこかの戦争に対して、何か行動をしたいと思ったときに、できることはたくさんあります。

まず、その戦争の被害者を直接支援したいと考える人は多いと思いますが、これは、誰でも簡単にできることではありません。赤十字や国連機関、あるいは現地で活動するＮＧＯに募金をするなど、間接的に支援をすることが一般的です。

あなたが直接できることとしては、まず、その戦争についての意識や関心を高めるために、グループをつくり勉強会をする、関連する映画やドキュメンタリーを観る、現地を知る方を招いてお話を聞く、そして、それらをふまえてみなで議論するといったことがあります。

さらにそこから、意思表示に踏み出すこともできます。その戦争の責任を負う政府に対して、あるいは街頭で多くの人びとに対して、プラカードやバナーをもってアピールする。また、署名を集めて提出する、ＳＮＳでメッセージを拡散するといったことです。

このように活動が個人からグループへと発展してきた場合、どこかでグループのルールを決めておく必要があります。

グループのルールとして一番大事なことは「何をするために集まっているのか」を明確にすることです。全員がすべてのことに同じ意見であるはずがないですから、ある部分については一致し、それ以外の部分については互いの自由として干渉しないことが大事です。

社会的な活動は、責任意識が伴うので、ストレスがかかりやすいものです。一部の人がしわ寄せを受けたりつらい思いをしたりすることがないよう、たえずよく話しあって問題を解決する習慣をつけましょう。

どんなグループにも、リーダーとフォロワーがいるものです。対外的に目立つのはリーダーですが、活動はグループ全員でおこなっているものであり、そのことが常に表明されなければなりません。みな、お金のためではなく自発的に活動をしているわけです。そうした一人ひとりの働きへの感謝の気持ちをお互いにもち、表明することが大切です。会の司会や書記など、役員をもちまわりにするというのもよい方法です。

大きな社会的ムーブメントにするためには、複数のＮＧＯや市民グループが横につながり、声を一つにあわせることがとても重要です。

そのいい例が、ＩＣＡＮです。ＩＣＡＮは、一一〇カ国から六五〇団体が参加する「連合体」です。日本国内では、核兵器廃絶《はいぜつ》にとりくむＮＧＯは、核兵器廃絶《はいぜつ》日本ＮＧＯ連絡会という連合体をつくっています。連合することで、相乗効果《そうじょうこうか》が生まれ、世論も大きくなります。

連合体をつくるには、たいへんなこともたくさんあります。たとえば、活動方針をめぐる考え方は、グループごと、個人ごとに、少しずつちがいます。

さらに、この人とあの人があまり仲がよくないとか、歴史の長い大きな団体が新しい小さな団体を「上から目線」でみてしまうだとか、そんなことでも対立やもめ事の原因になります。

僕が大学生のときに、日本とアジア諸国の学生で平和問題に関するフォーラムを開催し、日本のいろいろな学生グループに声をかけました。そうしたら、全然話がまとまらなくて、困ってしまいました。僕は悩んでしまい、当時三〇代でNGO職員をしていた先輩に相談しました。そうしたら、こういわれました。

「まとめることを目的にしようと思っても、まとまらないよ。そもそも、君たちは何をしたいのか。何をするのかをはっきりとさせれば、自然にまとまるものだよ」

なるほどと思いました。以来、この原則は僕のなかで生き続けています。

❽ 英語はできたほうがいい？

国際的なNGO活動をしていくには、英語は、やはりできたほうがいいです。日本には、国際問題やNGO活動への関心があるのに英語力が十分でないために活躍しきれないでいる人たちが、大勢いるように思います。もったいないことです。

でも、心配しないでください。誰でも、かならず、英語はできるようになります。

僕自身、留学をしたこともなければ、海外で生活したこともありません。平和活動やNGO活動のなかで使っているうちに、できるようになりました。

いまでは、核兵器や国際関係のことなどであれば、国連文書、論文、ニュース記事、だいたい何でも読めますし、書いたり話したりすることもできます。

逆に難しいのは、バーやレストランで注文することです。店員さんが何をいっているのか聞きとれないこともよくあります。映画も、字幕なしではわからないですね。とくに、ラブ・ロマンスなんかはさっぱりです。

国際会議で、演壇でスピーチする人がジョークをいうことがよくあります。聴衆がドッと笑うのですが、僕だけわからなかったりします。とりあえずニコニコしておきます。スピーチの中身そのものは問題なくわかるのですが。

NGOによる国際会議で、司会が最初に「ここには英語が第一言語でない人もたくさんいるので、みな、ゆっくりとわかりやすく話すようにしよう」と呼びかけてくれることがあります。

逆にアメリカやイギリスの人たちが、みんな英語ができて当然だみたいに早口でまくし立ててくるところもあります。そういうNGOは、あまりよくないです。

ＮＧＯに限らず国連でも同じだと思いますが、世界中の人たちが集まって仕事をするときに、英語は共通言語ですが、みなにとって母語ではありません。むしろ母語である人の方が少数です。みな、第二、第三の言語として英語を使っているのです。

だから当然、なまりがあります。インドなまり、フィリピンなまり、そして僕の場合は日本なまりの英語です。

文法は、ときどきみんなまちがえます。英語文法に厳しい日本の学校教育を受けてきた僕は、他の国の人の英語にミスをみつけることはしばしばあります。たまに、英語を母語とするアメリカ人の文法ミスをみつけることもあります。指摘すると「あ、そうね、サンキュー」なんていわれたりします。

日本のみなさんは、自分たちの英語文法の基礎力はとても高いのですから、自信をもってください。むしろ細かな文法など気にせずにバンバン使っている他の国の人たちを見習いましょう。

外国語でものを話すときには、自分が話したいことを極力整理して単純化します。そうすることで、語彙《ごい》や表現が限られた外国語でも伝えることができるようになるわけです。その結果として、日本語で話すときにも、話がわかりやすくなります。

外国語を聞くときには、言葉そのものを聞きとるだけでなく、その人が何をいおうとしているのかをある程度予想できるからこそ理解できるのです。

僕は学生の頃、障害者の介助《かいじょ》をしていましたが、言語障害のある人の言葉を聞きとるのは難しいことでした。でも、しばらく続けているうちに、聞きとれるようになりました。それは、その人が何をいおうとしているのかが、想像できるようになったからです。

つまり「言語を習おう」とすることより、コミュニケーションを図ろうとすることのほうが大切なのです。

どこか外国を訪ねたとき、その国の言葉を少しだけでも話せたほうがいいです。たとえばベトナムではシンチャオ、ミャンマーではミンガラーバー、イランではサラームといった挨拶の言葉を笑顔でかけるだけで、現地の人と打ち解けることができます。

そして、海外でおもてなしを受けたならば、それに甘えながら、その国、その土地の風習や文化、そのなかに込められた考え方を学ばせていただきましょう。あくまで謙虚《けんきょ》にです。

英語以外の言語にも、ぜひチャレンジしてください。スペイン語は中南米で、フランス語はアフリカで広く使われています。かつての植民地支配の歴史を反映したものです。これらの言葉ができると、世界がグッと広がります。

中国語と韓国語も、非常に大切な言葉です。隣国どうし、言葉が通じないのは残念なことです。ロシア語やアラビア語も重要です。国際問題にかかわるとき、当事国の言葉とその人びとの考えを理解することは、もっとも基本的なことですから。

❾お金はあとからついてくる

NGO活動や社会活動をしていくにあたって、お金をどうするか。これは、とても大きな問題です。社会をよくしたいという志をもって活動を始めようというとき、そこにお金はありません。

NGOが活動資金を集めることを「資金調達」あるいは「ファンド・レイジング」とい

います。
そのやり方はさまざまで、活動の規模によって大きく異なります。いくつかの事例を紹介する前に、結論をまずいっておきます。

それは、よい活動をしていれば、お金はあとからついてくる、ということです。
それが、三〇年以上にわたる僕のNGO活動経験から導き出された結論です。

実際のところ、お金集めはとてもたいへんです。それでも、あなたの活動

がよい活動、すなわち社会に求められている活動であれば、かならず誰かがそれをみて、寄付してくれます。それは、ニーズのある商品が売れるのと、同じことです。

誰も寄付してくれないとすれば、それは社会的なニーズがないということかもしれませんので、活動そのものを見直したほうがいいです。

そのうえで、どうすればその活動を求めている方々に出会えるか、そして、どうすればなるべくたくさんの資金を調達できるかというのが、ファンド・レイジングの技術です。

単発のプロジェクトなら、やりたい人が自分たちでお金を出しあうのが、一番てっとり早いです。

でもそれでは足りない場合には「こういうプロジェクトをやるので応援してください」といって寄付を募ります。クラウド・ファンディングというかたちで、ネット上で寄付を募ることもできます。

ただし、クラウド・ファンディングを立ち上げたからといって自動的にお金が集まるわけではありません。立ち上げたサイトに人びとを誘導しなければいけません。それには、知りあい一人ひとりに声をかけ、メッセージをして、働きかけるほかないです。

僕が学生の時には、活動のなかで出会った人たちの名簿をつくり、郵便を送って、寄付を募りました。郵便かメールかSNSかがちがうだけで、原理は一緒です。

団体を継続的に維持したいのなら、会員やサポーターを集めて、毎年や毎月の定額会費をいただくのが一般的です。それで足りない場合には、さらに寄付を募ります。公務員や会社員にボーナスが出る夏と冬が狙いめです。いずれにせよ、会員やサポーターには、定期的に会の活動をニュースなどのかたちで知らせていく必要があります。

団体が大きくなり、給料を払って職員を雇《やと》うとなると、一気に財政規模は大きくなり責任も重くなります。会員やサポーターは何千人という単位で必要になるでしょうし、大口の寄付をしてくれる個人、企業、団体も開拓しなければなりません。

日本はいまのところ世界第三位の経済大国ですが、NGOや社会活動に寄付をする文化がほとんどありません。欧米のNGOの多くは、大口の個人寄付や、財団や政府機関からの助成金に支えられて活動しています。

ＩＣＡＮは、スイスの事務所に一〇人強のスタッフを雇っていますが、主たる財源は個人寄付、民間財団、いくつかの政府や自治体、宗教団体などです。

ピースボートの場合、有給スタッフが一〇〇人くらいいるので、日本のＮＧＯとしては最大規模だと思います。ピースボートの船旅に参加する人たちが旅行会社に代金を払うわけですが、それがピースボートの収入の大本です。その意味では、ピースボートは、ＮＧＯでありながら、いわゆるソーシャル・ビジネスに近いスタイルです。ピースボートは、緊急災害支援などの目的をのぞき、企業や団体からの寄付はもらっていません。そうした寄付をもらうことで、活動に制約がでることを望まないからです。

日本のＮＧＯのなかには、外務省や環境省から助成金をもらって事業をおこなっているところも多いです。これはある程度、安定収入にはなるのですが、政府の意向に沿うかたちで事業をしなければいけないという面があり、痛しかゆしです。

自分たちの事業でえたお金であれば、完全に自由に使えますから一番いいわけです。でも、では事業で大もうけしようなどと考えると、商業主義に陥《おちい》ってしまい、活動の本筋からずれてしまいかねません。

こうしたなかで、日本のＮＧＯの多くは、会費、寄付、事業収入、助成金を組みあわせて、決して高くない給料をもらう少人数の職員と、多くの無償ボランティアに支えられて運営しています。いわゆるＮＰＯの場合も同様です。

⑩ 現場と政策のあいだを行き来する

海外で、物乞《ものご》いをする子どもに出くわすことがあります。子どもがグッと手を突き出してきて「お金を恵んでください」といってきたとき、あなたならどうしますか。

ピースボートの船旅でも、そういう場面に遭遇《そうぐう》することは少なくありません。日本から参加した人のあいだで「お金をあげるべきだ」とか「いや、それは本人のためにならないからあげるべきでない」とか、議論になったりします。

目の前に困った人がいるときに助けてあげることと、そのように困る人が出ないように

することは、両方必要です。困る人が出ないようにするというのは、社会や経済のしくみを変えることです。そのためには、政策を計画して実行することが必要です。もちろんその成果が出るには時間がかかりますので、当面は、困った人を助けていかなければいけません。

ご飯を食べられない人たちに食事を提供しながら、貧困そのものをなくすための社会政策にとりくむ。気候変動が引きおこす自然災害に対処しながら、地球温暖化そのものを防いでいく。戦争で傷ついた人を救いながら、戦争そのものを止めていく。これらはすべて、同じ原理です。

NGOというものは、テーマのちがいを問わず、活動の種類としては、①援助、②キャンペーン、③アドボカシー（政策提言）、④調査研究の四種類に大別できます。

たとえば貧困に苦しんでいる人がいるときに、その人たちに食事や住まいを提供し、就労の支援をするのが「①援助」です。

それをするためには、困っている人たちがいるということを多くの人たちに知ってもらい、寄付を集めなければなりません。そこで「②キャンペーン」を展開して、メディアを通じて実態を訴え、クラウド・ファンディングでお金を集めます。

それと同時に、貧困で苦しむ人たちをこれ以上出さないようにするために、困窮者《こんきゅうしゃ》への施策、国全体としての賃金の上昇、社会保障の拡充などが必要ですから、そうした「③政策提言」（英語で「アドボカシー」）をしていく必要があります。

そうした提言が説得力をもつためには、どのくらいの数の人がどのような困窮状態にあるのかデータを集めるなど「④調査研究」する必要があります。援助の現場で当事者の声を聞き取ることも、調査研究の一環として重要です。

核兵器のテーマでいうと、原爆《げんばく》投下や世界の核実験で傷ついた人たちには、医療や補償が提供されなければなりません（「①援助」）。そのようなことがくり返されないために「核兵器をなくそう」と運動していく必要があります（「②キャンペーン」）。ではどうやって核兵器をなくすのかというと、核兵器禁止条約を通じてやっていこうというのが僕たちの提案です（「③アドボカシー」）。その提案に説得力をもたせるために、世界の核兵器やその被害の現状、また各国の核政策などについて、日々、調べていきます（「④調査研究」）。

この四つのすべてに通じる五つめの重要な活動が「教育」です。問題についての理解を促し、解決に取り組む技術を磨き、大人から子どもへ、先輩から後輩へと、関心や視点をつないでいきます。

僕自身は、これらすべてに、いちおうかかわってきました。外国人労働者やホームレスの支援活動に現場でかかわり（「①援助」）、ピースデポで平和・軍縮政策の研究をし（「④調査研究」）、ピースボートで大きな船を使って何千、何万という人たちに平和の大切さを訴え（「②キャンペーン」）、ICANで核兵器禁止条約の普及につとめています（「③アドボカシー」）。そして、日々、教育です。若い学生向けの教育プロジェクトを数多くやっていますし、活動現場でも、なるべく若いスタッフや学生ボランティアと一緒に仕事をしてノウハウを伝えるように心がけています。

みなさんがNGO活動に関心をもったら、これらのうち、一つの方面に特化するのではなく、複数の方面にかかわってみるといいです。もちろん、一つのところにかかわったら、一生懸命、手を抜かずにやってほしいです。でも、少し時間が経ったら、べつのやり方も試してみてください。

現場と政策のあいだを行ったり来たりする。そうすることで、社会や世界への見方が深まり、より高いレベルの実践力が身につくようになるはずです。

⓫ 大きな視点をもち、中くらいの目標を立てる

核兵器はなくせます。戦争そのものだって、なくせます。

なぜかというと、それらが合理的でないものだからです。

核兵器は、使いようのない兵器です。使えば、あまりにも残虐《ざんぎゃく》でとり返しのつかない事態となります。

核兵器をもつ国の政府も、それはわかっているので、「使う」とはあえていいません。使うためではなく、相手に使わせないためにもつ。互いに、使わないためにもっている。

——これが、いわゆる「核抑止論」です。

でも、こういうのを屁理屈《へりくつ》といいます。使わないのなら、もたなければいいのです。

戦争も同じです。世界には、経済、エネルギー、人種、民族などさまざまな問題がありますが、戦争以外の方法で解決する道はかならずあります。

逆に、戦争で問題が解決したことなんてありません。戦争をすれば、人びとが殺され、傷つき、環境が汚染され、問題は増える一方です。

かつて、奴隷《どれい》制度がありました。女性に参政権のない時代も長く続きました。

人びとは「おかしいなあ」と思いながらも、我慢《がまん》していました。大人たちは「これが現実なんだ」と子どもたちに教えていました。

それでも人びとは声を上げ、運動しました。その結果、奴隷《どれい》制度はなくなり、女性の参政権はあたりまえになりました。いまでは、男女平等というだけではなく、同性愛など性的指向や性自認の多様性を認め、差別を禁止することが議論されています。

セクシャル・ハラスメント、パワー・ハラスメントも、教師の体罰も、「我慢《がまん》しなければならないこと」から「許されないこと」に変わりました。

僕が中学生のとき、数学の先生は教室でタバコを吸いながら授業をしていました。当時はそんな大人が子どもたちに「タバコを吸うな」といっていたのです。子どもたちがそんな話を聞くわけがなく、中二くらいになるとトイレでタバコを吸い始める子がたくさんいました。

しかしいまでは、タバコを吸う人じたい、めっきり減りました。それが体に悪く、周りにも迷惑をかけるものだというふうに、社会の見方が変わったからです。

僕が子どもの頃は、道路の騒音、車の排ガス、工場の排水など、人びとは公害で苦しんでいましたが、「経済発展」のためだとして我慢させられていました。いまでは「環境に配慮しています」といわなければ商品は売れませんし、企業は信用されません。

このように、社会は、合理的な方向に変わるのです。古くて悪い習慣は、改められるのです。

だから、どんな社会問題に対しても、まずは大きな視点をもってください。世界と歴史のなかで、その問題をみつめてください。

でもそのうえで、実際に活動をしていくなかでは、中くらいの目標設定が必要です。

たとえば目標が核兵器廃絶《はいぜつ》だとしても、そこにはなかなかたどり着けません。五年や一〇年では無理です。

そこで僕たちは考えました。まずは、核兵器禁止条約を先につくろう。ＩＣＡＮは、この条約を、中くらいの目標として定めたのです。

実際に条約は成立し、条約に加わる国の数は年々増えています。目にみえる成果が上がっています。中くらいの目標があることで、僕たちは前進していることを認識できるようになります。

目標設定が小さすぎてもダメです。今日、明日にはできないが、頑張れば何年かのうちにはできることを目標に設定しましょう。そうすると、活動は盛りあがります。みんな、やる気になるからです。

ただ最終目標に向かって叫んでいるだけだと、だんだんと寂しくなり、不安になり、人びとは離れ、自分たちもやる気を失ってしまいます。

中くらいの目標を達成するためには、たいていの場合、相手がいます。国の

政府に、条約を採択《さいたく》させたいとか、批准《ひじゅん》させたいとか、法律をつくらせたいとかです。あるいは、企業に、ある活動を止めさせ、ある約束を結ばせたい、などです。

相手がいれば、交渉になります。交渉するときは、大きな視点はブレずにもちながら、相手の立場や視点も理解して、話しあいます。そして、どこかで妥協《だきょう》して、交渉を成立させるのです。

その結果は、自分たちに百点満点とはいえないでしょう。たとえば、核兵器禁止条約の成立はすばらしい成果でしたが、実はこの条約にも少しだけ弱点はあります。それは、条約に違反する国が出た場合の対応方法が完全には決まっていないといったことです。

でも、そういった弱点は、次のステップで乗りこえていけばいいのです。

⑫ 反対の立場の人と対話する

NGOとは「非政府組織」、すなわち、政府とは異なる視点や手法で社会の問題にかかわる団体のことです。政府が平和や人権を脅かすとき、NGOはこれに反対します。そのことから「反政府」だといわれることがあります。

しかしNGOの多くは、政府に反対したり政府を倒したりすることを目的にしているわけではありません。むしろ「非政府」の視点を示し、政府の政策をよりよくしようとしているのです。

そのようなNGOにとって、政府や議員と対話することは大事です。

国政や外交にかかわることなら、話すべき相手は政府の役人と国会議員です。教育や福祉などの問題なら、都道府県や市区町村の役所や議員が相手になることが多いです。

日本の憲法は国会が「国権の最高機関」だと定めており、国会議員による方向付けのもとで政府が行政をすることになっています。でも実際には、政府がとても強くて、国会議員よりも実権を握っているといえます。

ＮＧＯは、政府を訪れて要請をおこなったり、国会議員や政府の担当者を会合に招いて意見交換をしたりします。

かつては、外交や軍事は「国の問題だ」という意識のもと、日本の政府や議員はＮＧＯとの対話に応じてきませんでした。それでも二〇〇〇年代以降、対話は徐々に進んできました。

あなたが、政府のなんらかの政策に反対だというときに、反対の声を上げることはとても大切なのですが、賛成している人と話をすることも大事です。

話をすることで、相手が説得されるわけではありません。逆に、あなたが相手におもねる必要もありません。意見は、ちがうままでいいのです。

話すことの意味は、相手の考え方を理解するということです。自分からみてまったくおかしいこの政策を、なぜ政府はおこなっているのか、そしてなぜこの人は支持しているのか。これらを理解することで、あなたが次に何をすべきかがみえてきます。

たとえば僕は核兵器に反対しています。なぜなら核兵器はおそろしく危険な兵器であり、こんなものがあるかぎり世界は平和にならないからです。だから日本政府は、核兵器禁止条約に当然加わるべきだ——これが僕の考え方です。

ところが日本政府はこの条約に反対していて、その方針を支持する人もいます。その人たちと話してみるとわかるのは、「核兵器はおそろしく危険な兵器だ」というところまでは一致しているということです。

ただ、核兵器をなくすよりは核兵器をもったままバランスをとるほうが「世界の平和」は保たれる、と考えているようです。

そこで僕は考えて、次にこう聞きます。

「では、国々が核兵器をもちつづけて、互いに脅《おど》しあうことで、ほんとうにバランスがとれるのですか。あやまって核兵器が使われてしまうことはないといいきれますか」

このように、対話を重ねることによって、議論は深まっていきます。

僕の一人息子の小学校の入学式の日、正門のところで記念写真のために並んでいたら、桜の木の下でニコニコと写真に収まっているお父さんがいて、なんだかみたことのある顔でした。よくみると、日本の外務省で、核兵器問題を担当する課長のYさんではないですか。うちの近所に公務員宿舎があることは知っていましたが、Yさん一家がそこに暮らしていたとは知りませんでした。

Yさんと僕とは、長年にわたって、ニューヨーク国連本部の国際会議場や、霞ヶ関の外務省の建物内で、対立する意見をバチバチと戦わせてきた相手です。Yさんは政府の主張、僕はNGOの主張で、両者の意見はいつも真っ向から対立していました。

そのYさんが、桜の下で、息子さんと笑顔でいるのです。僕は近寄って、「こんにちは、川崎です」といいました。Yさんはエーッと驚きました。

以来、Yさんとは、平日昼間の核兵器問題に関するバチバチの討論は続きましたが、土日の授業参観や、小学校の校庭での餅つきでも挨拶するようになりました。そこから、家族ぐるみのお付き合いになりました。

こんなことをいうと、Yさんにも日本政府のみなさんにも失礼なのですが、僕はこの経験で初めて「政府の人も一人の人間である」というあたりまえのことを認識したのです。

もちろん、そういう個人的な人間関係ができたからといって、政府に何らかの影響力をもてるわけでもないですし、政府の考え方が変わるわけでもありません。

僕たちにとって大事なのは、自分と反対の立場をとる人たちがどういう人であり、どういう考え方なのかを知ろうとする習慣をもつことです。

⑬ 活動することと自分の幸せ

NGO活動をしているというと「立派なボランティアをなさっているのですね」といわれることがあります。無償奉仕《むしょうほうし》だと思われているのかもしれません。でも僕は、給料をもらってやっています。

「ボランティア」という英単語は「自発的に志願した者」という意味ですから、ほんらい無償《むしょう》か有償《ゆうしょう》かは関係ありません。僕は自ら好き好んでやっていますから、その意味ではたしかにボランティアです。

たまに、一緒に活動してきた仲間が「結婚するので」とか「子どもができたので」とかいう理由で、もうできないといってくることがあります。大人になって家族をもつ以上、「こういう活動」にはかかわれないというのです。

結婚して子どももいる僕としては、そういうことをいわれると、少し複雑な気持ちになります。それでも僕は「来るものは拒《こば》まず、去る者は追わず」が社会運動の原則であるべきだと思うので、止めたりはしません。でもその一方で、ではどうすればＮＧＯにかかわった人が長くその活動を続けられるのかを考えなければいけないとも思うのです。

海外では、ＮＧＯ職員というものが一つの職種として確立しているところも多いです。国際機関の職員がＮＧＯに転職したり、ＮＧＯから大学教授や政府の専門官になったりといったことも珍しくありません。ＮＧＯ専門のリクルート会社もあるくらいです。

日本のＮＧＯの世界は、それに比べると、陸上競技でいえばトラック何周分も遅れています。そもそも給料の水準は低く、雇用の数じたいが少ないです。ＮＧＯの正規職員になりたい人は、日本より海外で探したほうが早いかもしれません。

仕事としてNGOにかかわり、給料をしっかりともらっている人の場合でも、その土台には「社会をよくしたい」という使命感があります。その思いがお金だけで満たされることはありません。社会的な目標が達成されて始めて、苦労が報われるものです。

この世の中で、好きなことを仕事にできている人というのは、まれにしかいないと思います。僕は、仕事はキツく給料は高くないですが、ほんとうに好きなことを仕事にしてきたという意味では、幸せ者です。

また、僕の周りには、平和が大好きで、夢をもち、人情豊かな仲間たちがいます。そういうすばらしい人たちに囲まれて毎日を送れているという意味でも、幸せ者です。

何か社会問題にかかわると「意識高いね」と冷やかされ「浮いてしまう」と感じる人もいるようです。僕自身、こういう活動をすることで友達が離れていってしまったことを経験しています。

関心の偏った人だけで集まっていると「タコつぼ」化して、世間一般の感覚がわからなくなるというリスクも、たしかにあります。

でも、気のあう仲間たちと共に時間を過ごすことは、人生を豊かにしてくれます。

僕は、職場で上司にごまをする必要もありません。周りに合わせて自分を押し殺す必要もありません。周りにいるのは、いつでも何でも話しあえる仲間たちです。通常の会社勤めに比べて、ストレスのレベルは十分の一以下だと思います。

もちろん僕だって、もう少し給料が高くて休みを長く取れたら、家族をいまより幸せにできたかなと、思うことはあります。

それでも「自分が自分らしくある」ということは、あらゆる人の共通のそして究極の願いだと思います。そもそも、お金を稼ぎたいというのは、その手段としてお金が必要だと思うからでしょう。

同じ夢をもつ仲間たちと協力して社会活動をしていくことは、それじたいが、あなたを幸せにし満たしてくれるものなのです。

それを本職とするにせよ、仕事外のボランティアというかたちにせよ、自分の興味ある分野をみつけて、社会活動に是非かかわってみてください。

でも、ついつい頑張りすぎて働き過ぎてしまうなど、落とし穴もありますので注意が必要です。活動する時間とプライベートを切り分けてバランスをとるという方法もありますし、活動をうまくプライベートのなかに取り込んで楽しんでやっていくという方法もあります。

NGOという存在じたい、さまざまな展開をしています。NGO的マインドをもちながら、収益をしっかりと確保するソーシャル・ビジネスに展開している例も増えていますし、自治体や企業が公益性をもった部門を設けて専門職員を配置する例もあります。

「働き方」も今後多様化し、より良いものになっていくでしょうし、そうでなければなりません。経験を積んでリーダーになっていく人たちには、将来への持続可能性をみすえた、しっかりとしたシステムづくりが求められます。

おわりに――戦争をなくすために

ウクライナ戦争の衝撃

二〇二二年二月、ロシアがウクライナへの侵略《しんりゃく》戦争を始めました。戦争が始まって一年が経過した時点で、ウクライナの民間人の死者が八〇〇〇人以上、ロシアとウクライナの兵士も合わせると計一〇万人近くの命が奪われたとされています。

どうすれば、この戦争を終わらせられるのか。そして、日本やその周辺で同じような戦争がおきてしまうことはないのか。そう考えている人も多いと思います。

この戦争は、ロシアのプーチン大統領が、ウクライナを自分の支配下におきたいと考えて始めたものです。国連憲章《こくれんけんしょう》は、いかなる国も、武力で他国の領土や主権を侵害《しんがい》してはならないと定めています。ロシアの行動は、これに明らかに違反しています。

しかしロシアでは、プーチン大統領が絶対的な権力をもっているので、プーチン氏自身が止める決断をしなければこの戦争は終わりません。

そのためには、戦争を続けていても「勝てない」ということ、そして、ロシアの国じたいがもたなくなってしまうということをプーチン氏が理解しなければなりません。戦争を続けるほどロシアは制裁を受け、国際的な信用を失い、国内の支持もなくなっていくという状況を、つくる必要があります。

国連総会がロシアの行為を非難する決議を上げることや、世界中で戦争反対のデモをおこすことは「ロシアの戦争はまちがいだ」ということを明確にする意味があるのです。

一方で、ヨーロッパをはじめ世界中で、軍事力を強化する動きがあります。ロシアがおこなったような侵略を防ぐためだといって、各国は軍事費を増額し、新型兵器を開発したり配備したりしています。

日本でもそうです。敵を攻撃できるミサイルをもつのだとか、自衛隊《じえいたい》がアメリカ軍と一緒に戦うのだとか、憲法も変えてしまえといった議論が盛んです。

軍備には軍備を？

しかし「軍備には軍備を」というのは、とても危険です。

なぜなら、それが「自分たちを守るため」だとしても、相手からは「自分たちを攻撃するため」だとみられるからです。

ウクライナに侵攻《しんこう》したロシアだって、そのいい分は「ロシアが脅威《きょうい》にさらされているからだ」というものでした。戦争をする側はいつも「自分たちを守るため」だといって、行動をおこすのです。

戦争に「勝つ」とか「負ける」とか、安易に考えないでください。戦争が始まれば、双方に犠牲《ぎせい》者が出て、兵士も民間人も死傷します。家族は嘆き悲しみ、多くの人びとの生活が破壊されます。戦争は、始まった時点で、もうみんな負けているのです。

戦争を正当化したり、美化したりする思想があります。大義のためには暴力に訴え「多少の犠牲《ぎせい》」が出てもかまわないとか、命を投げ打って戦うのが美しいとかいうものです。

このような考え方が「強さ」とか「男らしさ」といって、いまだにテレビや、マンガや、家庭でも教えられています。とくに男の人は要注意です。もっと、一人ひとりの命の重みに向きあってください。

そして忘れてはいけないことは、ウクライナでおきているのと同じような戦争が、これまでも世界中でくり返されてきたし、いまでも数多く続いているということです。

パレスチナでも、アフガニスタンでも、イラクでも、ミャンマーでもそうです。日本のテレビでは流れませんが、それが現実です。

世界中に、食料や住居や医療をいますぐに必要としている人たちがいます。武器を買っている場合ではありません。


戦争をおこさないために強めるべきなのは、軍事力ではなく、国際ルールです。

国家間の問題は国際法の下で平和的に解決する。違反をした国は許さない。そうしたルールを強くすることが必要です。

国連になんか意味がない、実力あるのみだ——各国がそんなふうに動き出したら、あちこちで戦争が始まります。最終的には核戦争になって、この世界は終わります。

そうさせないために、一九四五年に国連が、そして二〇一七年に核兵器禁止条約がつくられたのです。

戦争ではなく平和の準備を

戦争の準備ではなく、平和の準備をしましょう。

戦争をさせないためには、第一に戦争の動機をなくすこと、第二に戦争の手段をしばること、第三に出口をみつけることが必要です。

核兵器廃絶《はいぜつ》の運動は、そのうちの「戦争の手段をしばる」ためのとりくみです。さまざまな兵器を規制してなくしていくことを、軍縮または軍備管理といいます。これがすすめば、戦争がやりづらくなり、また、戦争がおきてしまっても被害が限定されます。

しかし、それだけでは戦争は止められません。戦争の「動機をなくすこと」と「出口をみつけること」が重要です。

たとえば、北朝鮮は核兵器やミサイルの開発をしています。それは当然非難されるべきですが、なぜ北朝鮮がそうしているのか「動機」を考える必要もあります。

北朝鮮の政府は、自分たちの国がいつか攻められてなくなってしまうのではないかと危機感をもっています。だから核兵器が必要だと考えているのです。

ということは、核兵器をもたなくても攻められないということをきちんと話して、納得してもらえればよいわけです。

そこで提案されているのが、いま休戦状態にある朝鮮戦争を正式に終わらせて、関係国が平和条約を結ぶというものです。核を放棄して、周辺国と正常な経済関係を結べば、国は安定し繁栄する。そうしたなかで、日本と朝鮮半島の戦後清算《せいさん》や、拉致《らち》問題の解決も可能になっていきます。

戦争の「動機」をなくし、平和への「出口」を探る。政府による外交だけでなく、民間の国際交流もそのような役割を果たすことができます。

「敵」って誰だ？

僕は五〇年以上生きてきて、国がいう「敵」というものがコロコロ変わるのをみてきました。

物心ついた冷戦時代には、ソ連や中国など「共産主義」が敵だとされていました。冷戦が終わったら「テロリスト」が、あるいはイラクやイランなど「ならず者国家」が敵だとされました。最近では「北朝鮮だ」とか「中国だ」とかいわれています。

「敵」は一〇〜二〇年単位で、コロコロ変わります。変わらないのは、政府が莫大《ばくだい》な予算を軍備につぎこみ、それで軍事産業が金もうけをし続けていることです。

「敵」とされた人たちは、悪魔のように描かれます。

戦時中の日本では、アメリカやイギリスが「鬼畜米英」と呼ばれてました。日本人の多くは、朝鮮半島や中国の人たちを蔑《さげす》んでいました。戦争は、人びとの心のなかにひそむ差別感情をくすぐりながら、進められます。

「テロリスト」などと呼ばれる人たちも、実際には、貧しくて生活できずお金のために武装勢力に加わった父親だったり、人生に絶望して犯罪に走った若者だったりします。「テロ対策」の名の下で、何の罪もない人が宗教や肌の色のせいで不当に逮捕されてしまうような事例も、世界中であとを絶ちません。

核兵器のような大量殺人兵器がこの世に存在していることは、特定の人たちについて「この人たちは皆殺しにしてもかまわない」と考えてしまえる差別思想が生きていることの裏返しです。

殺人ロボットの時代

僕は、核兵器をなくすことは、二〇世紀の遺物《いぶつ》をなくす仕事だと思っています。大量破壊・大量殺人というのは、二〇世紀の発想です。今日には必要ありません。だから核兵器はいずれなくなります。僕たちがもうちょっと運動を頑張ればの話ですが。

では、核兵器がなくなったら世界は平和になるのかといえば、そうではありません。

いま世界で加速しているのは、ドローンや人工知能（ＡＩ）など最新技術を駆使して精密にターゲットを定める「殺人ロボット」の開発です。

これが進めば、核兵器のような無差別殺人兵器は必要なくなるので、その意味での残虐性《ざんぎゃく》はなくなると思う人もいるかもしれません。

しかしそれは、機械が人間を殺す世界になるということです。そしてその機械をつくり、プログラミングをするのは、人間です。

そのような世界では、ゲーム感覚で戦争が始められてしまいます。プログラムがエラーをおこせば、まったく関係のない人たちが殺されていきます。
「敵」を設定するプログラミングのなかに、おそろしい差別思想が入り込む可能性もあります。

いま国家や巨大ＩＴ企業は、スマートフォンやインターネットを通じて世界中の人間に関する情報をデータとして収集し、管理しています。それによって僕たちは、常に監視されていて、意識さえも容易に操作されうる存在になっています。

今日の世界では、戦争と平和をめぐる問題がこのように複雑化しており、これからもっと複雑になっていきます。

社会を強くする

今日、国と国の対立だけでなく、国内の富裕層と貧困層の分断や、人種や民族をめぐる対立が進んでいます。食料、水、エネルギーそして情報へのアクセスをめぐる格差も広がっています。

つまり、暴力や戦争の「動機」になりうる問題は、増えています。

国内で人権が軽んじられ、民主主義が弱まるとき、その国は戦争に近づきます。

ナチス・ドイツでも、現代のロシアでも、そして、かつてアジアを侵略した日本でもそうでした。人びとが「強い国」や「強いリーダー」をもてはやし、政府になんでも任せきりになると、国は暴走を始めます。まずは弱い立場の人たちが切り捨てられ、最終的には、みなが戦争にかり出されていきます。

だからこそさまざまな社会問題に、一人ひとりが向き合い、自分の頭で考え、自らかかわっていくことが大切です。主権者として、政治に参加することも必須です。一八歳になったら、選挙にはかならず行きましょう。

最後に大切なのは、前を向くことです。

僕は、平和活動家や社会運動家は、大道芸人みたいなものだと思ってきました。

暗いニュースが多くて、みな下を向いて歩いているときに、声をかけて足を止めてもらい、ワクワクするような芸をみせて、笑ったり、明るい気分になってもらう。それで投げ銭をもらう。

そこからみなが前を向いて、社会が変わっていけばいいなと思い、僕は今日も活動しています。

著者紹介
川崎 哲（かわさき・あきら）
ピースボート共同代表。2017年にノーベル平和賞を受賞した「核兵器廃絶国際キャンペーン（ICAN）」の国際運営委員・会長（2010-12年副代表、2012-14年同共同代表、14年から国際運営委員、21年から会長を兼任）。1968年東京都中野区生まれ（父川崎昭一郎は第五福竜丸平和協会元代表理事）。1987年私立武蔵高校卒業。1993年東京大学法学部卒業。障害者介助、外国人労働者やホームレスの支援活動、NPO法人ピースデポ事務局長などを経て、2003年ピースボートに加わる。ピースボートでは、地球大学プログラムや「ヒバクシャ地球一周 証言の航海」をコーディネート。核兵器廃絶日本NGO連絡会の共同代表として、NGO間の連携および政府との対話促進に尽力。2009-10年、日豪両政府主導の「核不拡散・核軍縮に関する国際委員会（ICNND）」でNGOアドバイザー。恵泉女学園大学、立教大学などで非常勤講師。日本平和学会理事。著書に『核兵器はなくせる』（岩波ジュニア新書）、『絵で見てわかる　核兵器禁止条約ってなんだろう？』（旬報社）ほか。2021年、第33回谷本清平和賞を受賞。

探究のDOOR ①
僕の仕事は、世界を平和にすること。
2023年6月15日　初版第1刷発行
2024年10月1日　　　第2刷発行

著者　**川崎 哲**

ブックデザイン　**ランドリーグラフィックス**
イラスト　**山中正大**
編集担当　**熊谷満**
発行者　**木内洋育**

発行所　**株式会社旬報社**
〒162-0041
東京都新宿区早稲田鶴巻町544　中川ビル4F
TEL 03-5579-8973　FAX 03-5579-8975
HP https://www.junposha.com/

印刷製本　**精文堂印刷株式会社**

ISBN978-4-8451-1825-0